运动健康100分
YunDongJianKang100Fen

零基础学羽毛球

徐大鹏 编著

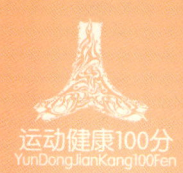

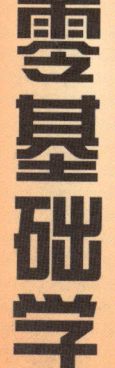

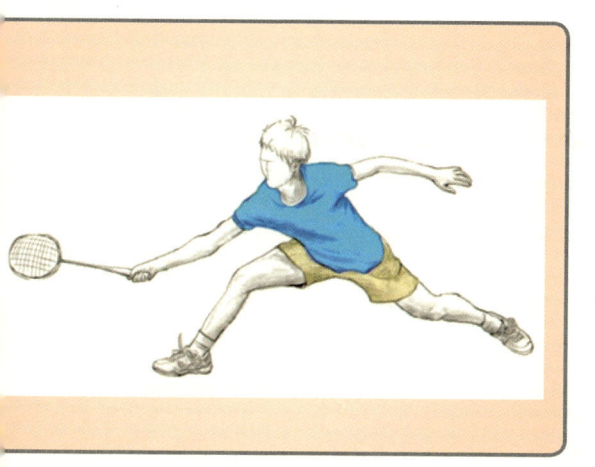

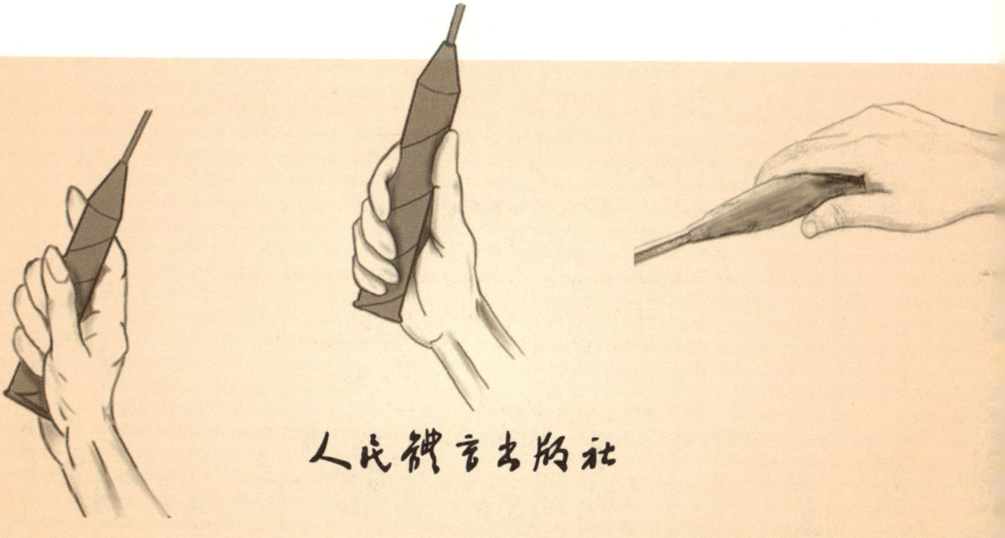

人民体育出版社

图书在版编目（CIP）数据

零基础学羽毛球 / 徐大鹏编著. --北京：人民体育出版社，2020
（运动健康100分）
ISBN 978-7-5009-5778-2

Ⅰ.①零… Ⅱ.①徐… Ⅲ.①羽毛球运动—基本知识 Ⅳ.①G847

中国版本图书馆 CIP 数据核字（2020）第053590号

*

人民体育出版社出版发行
北京新华印刷有限公司印刷
新 华 书 店 经 销

*

880×1230　32开本　6印张　142千字
2020年11月第1版　2020年11月第1次印刷
印数：1—3,000册

*

ISBN 978-7-5009-5778-2
定价：37.00元

社址：北京市东城区体育馆路8号（天坛公园东门）
电话：67151482（发行部）　　邮编：100061
传真：67151483　　　　　　　邮购：67118491
网址：http://www.sportspublish.cn
（购买本社图书，如遇有缺损页可与邮购部联系）

序

羽毛球运动在我国是普及十分广泛的项目，广受群众欢迎，同时在为国争光、振奋民心方面发挥了积极的作用。羽毛球项目在我国发展初期，基础薄弱、资源匮乏，为获得优异成绩，我们积极吸收国外先进经验，结合本国国情，建立了集中优势资源，形成了能够最大限度地调动国家和社会力量的举国体制。我们老一辈的教练员、运动员发明了一系列新的技战术打法，并以此取得了辉煌的成绩。我国羽毛球运动在曲折中前进、在探索中成长，完成了从无到有、从弱到强的历史性飞越，走出了一条艰辛与荣耀并存的中国体育发展之路，也为世界羽毛球运动的发展书写了浓墨重彩的篇章。

我国羽毛球运动的长盛不衰需要我们不断地总结和探索，更需要持续推广和普及，我很欣喜地看到有大批年轻运动员走上了教练的岗位，也有大批像编者这样的青年学者和运动训练专家们始终致力于研究、推广和传播羽毛球这项运动。

理论来源于实践更能指导实践，这本介绍羽毛球运动的图书在内容上涵盖了发展史、基本理论、基本技术、身体素质训练以及竞赛裁判等多方面的知识，语言文字生动、可读性强、注重实用性，是了解和学习羽毛球运动很好的一本参考书。1956年，我和陈福寿共同编写了《怎样打羽毛球》一书，五十多年过去了，又有年轻体育工作者再来写书教授打羽毛球，这本身就说明了羽毛球运动强大的生命力。希望读者能够从中受益。

2020年3月20日

（注：王文教，羽毛球教练，"人民楷模"国家荣誉称号获得者，"国际羽联终身成就奖"获得者）

目 录

第一章 羽毛球运动概述 …………………………………（1）

  第一节 羽毛球运动特点与价值……………………………（1）

    一、羽毛球运动特点…………………………………………（1）

    二、羽毛球运动价值…………………………………………（2）

  第二节 羽毛球运动起源与发展……………………………（3）

    一、羽毛球运动的起源………………………………………（3）

    二、羽毛球运动的发展………………………………………（5）

    三、世界主要赛事……………………………………………（10）

  第三节 羽毛球运动所需条件………………………………（14）

    一、球拍………………………………………………………（14）

    二、羽毛球……………………………………………………（15）

    三、场地………………………………………………………（17）

    四、服装………………………………………………………（19）

    五、比赛条件…………………………………………………（19）

  第四节 基础理论……………………………………………（21）

    一、站位………………………………………………………（21）

    二、击球点……………………………………………………（21）

三、正手技术、反手技术和头顶技术…………（21）
四、击球动作一致性与突变性……………（22）
五、击球动作结构………………………（22）

第二章　基本技术……………………………（26）

第一节　握拍………………………………（26）
一、正手握拍……………………………（26）
二、反手握拍……………………………（27）
三、非常规握拍…………………………（28）

第二节　准备姿势及选位…………………（29）
一、准备姿势……………………………（29）
二、选位…………………………………（32）

第三节　发球技术…………………………（35）
一、正手发球……………………………（35）
二、反手发球……………………………（39）

第四节　步法移动…………………………（40）
一、上网步法……………………………（41）
二、退后场步法…………………………（45）
三、中场横动步法………………………（49）
四、腾跳步法……………………………（52）

第五节　击球技术…………………………（54）
一、正手击高远球………………………（54）
二、正手吊网前球………………………（57）
三、杀球…………………………………（61）

四、放小球与搓球……………………………（67）

五、挑球……………………………………………（71）

六、推球……………………………………………（73）

七、网前勾对角球………………………………（76）

八、网前扑球……………………………………（79）

九、反手高远球…………………………………（83）

十、反手吊球……………………………………（85）

十一、平抽快挡…………………………………（88）

十二、被动抽球…………………………………（90）

十三、接杀球……………………………………（94）

第三章　基本战术……………………………（99）

第一节　单打基本战术………………………（99）

一、发球战术……………………………………（99）

二、接发球战术…………………………………（102）

三、压后场战术…………………………………（103）

四、盯反手战术…………………………………（104）

五、四方球战术…………………………………（104）

六、杀、吊上网战术……………………………（105）

七、过渡球战术…………………………………（105）

八、防守反攻战术………………………………（105）

第二节　单打战术制定………………………（106）

一、根据对手技术特点制定战术………………（106）

二、根据对手生理和心理特点制定战术………（110）

3

第三节　双打基本战术 …………………………………（114）
　　　一、双打战术基本原则 ………………………………（115）
　　　二、双打基本战术 ……………………………………（119）
　　第四节　混合双打基本战术 ……………………………（124）
　　　一、发球战术 …………………………………………（125）
　　　二、接发球战术 ………………………………………（126）
　　　三、第三拍 ……………………………………………（126）
　　　四、封网 ………………………………………………（127）
　　　五、防守 ………………………………………………（129）
　　第五节　双打常见问题解析 ……………………………（131）
　　　一、选位与分工 ………………………………………（131）
　　　二、击球技术 …………………………………………（135）

第四章　身体素质训练 ……………………………………（137）

　　第一节　力量 ……………………………………………（137）
　　第二节　速度 ……………………………………………（144）
　　第三节　耐力 ……………………………………………（148）
　　第四节　柔韧 ……………………………………………（151）
　　第五节　灵敏 ……………………………………………（154）

第五章　规则与裁判 ………………………………………（155）

　　第一节　竞赛规则 ………………………………………（155）
　　　一、赛制 ………………………………………………（155）
　　　二、交换场区 …………………………………………（155）

三、单打……………………………………（156）
　　四、双打……………………………………（156）
　　五、即时回放………………………………（157）
第二节　裁判员分工与职责……………………（157）
　　一、裁判员分工……………………………（157）
　　二、裁判员职责……………………………（158）
第三节　比赛编排………………………………（163）
　　一、单循环…………………………………（163）
　　二、单淘汰…………………………………（164）
第四节　常见问题解析…………………………（166）
　　一、发球……………………………………（166）
　　二、死球……………………………………（168）
　　三、重发球…………………………………（170）
　　四、侵入场区………………………………（172）
　　五、连击……………………………………（173）
　　六、运动员提出请求………………………（174）
　　七、意外情况………………………………（176）
　　八、行为不端………………………………（176）

第一章 羽毛球运动概述

第一节 羽毛球运动特点与价值

羽毛球运动是一项相互隔网击球对抗的体育项目。双方运动员分处羽毛球场地各自场区,用羽毛球拍相互击打一只羽毛球,球必须从球网上方飞入对方场区,以球落地或迫使对手回球出界为胜。比赛双方往往为了战胜对手,通过击球进行控制与反控制、制约与反制约的激烈争夺。

一、羽毛球运动特点

羽毛球运动在运动员的体能、技术、战术、心理状态、运动智能等方面存在着对抗。要求运动员具有更加规范娴熟的技术、灵活多变的战术,同时还需要运动员具备良好的身体素质以应对激烈的对抗。比赛时,双方运动员交替击球,要求技术全面。无论单、双打一方在一个回合中只能完成一次击球,且触球时间短,在每球得分的赛制下,"失误即失分"的特点决定了其技术动作规范的重要性,没有规范的技术动作,根本无法实现比赛目的。比赛中,运动员击球动作快、反应迅速、攻防转换快,主动与被动、进攻与防守、控制与反控制构成了比赛的主旋律。同时由于羽毛球比赛场地的限制，使得运动员对上肢力量的精确控制和下肢力量及移动的灵敏性提出了更高要求。可以说，羽毛球是一项集心、技、体、智于一身的运动。

二、羽毛球运动价值

首先，羽毛球作为一项深受广大群众喜爱的体育项目，具有很高的健身价值。初学者在击球过程中需要不停地运用手指、手腕和手臂进行握拍、挥拍运动，还要充分活动踝关节、膝关节、髋关节等部位，做出滑步、垫步和蹬跨步完成移动，这对于全身肌肉和关节的锻炼也是很充分的。在击球过程中，躯干前俯后仰，也使腰部、腹部的肌肉能得到充分锻炼。这些技术动作不仅提高上下肢的运动能力、反应能力和协调能力，长期参与羽毛球运动还能有效地改善呼吸系统和心血管系统的功能，从而起到增进健康、增强体质、抗病、防衰老的功能。

其次，羽毛球运动具有很高的观赏价值。当今，高水平的羽毛球比赛正朝着"快速、全面、进攻、多变"的趋势发展。在羽毛球比赛中，职业运动员们向观众展现了高超的击球手法和灵活、多变的战术组合，运动员的智慧、技能、素质、气质等，都是通过羽毛球技战术表现出来的。大力杀球时，酣畅淋漓、声震全场；网前搓球时，润物无声、控制精确；勾对角球时，死地后生、暗藏杀机；双打平抽时，眼花缭乱、寸土不让。这一切给观众带来美的享受，这也正是羽毛球运动观赏价值所在。此外，明星运动员的个人魅力和感召力也增加了这项运动的观赏性。

最后，羽毛球运动还具有社会价值。历史上羽毛球运动一直是欧洲上层社会的一种社交活动，人们通过这一活动加强交流和互动。现如今，随着羽毛球运动的普及和推广，尤其是在我国，羽毛球是仅次于"健步走"的第二大健身运动。当中有很多自发组织形成的羽毛球团体，业余的羽毛球比赛也日趋规范化，羽毛球运动已经成为社交活动的一种载体。人们通过参加羽毛球运动不仅增加交际范围，而且通过运动还可以排解不良情绪、缓解工作压力，在对抗中强化拼搏进取精神，调整心态，积极面对人生。

第二节 羽毛球运动起源与发展

一、羽毛球运动的起源

世界上，任何一项体育运动都是由某种游戏通过推广普及，进而统一规则，独立成为一种体育活动的。羽毛球运动也不例外，它的产生、发展到普及也经历了这样一个过程。对于羽毛球的起源众说纷纭，许多国家和地区都出现过类似现代羽毛球运动的游戏或体育活动，按时间的发展和器材的演进顺序，比较有代表性的起源有以下几种说法：

1. 起源于日本

在亚洲地区，早在14—15世纪的日本就已经在贵族和僧侣中流行一种类似现代羽毛球运动的游戏。羽毛球是在樱桃核上朝一个方向插上三根羽毛，使球体飞行具有一定的稳定性。使用手掌或木板推击，没有固定的场地，两人保持一定距离，互相将球击给对方，有比较强的娱乐性。由于该羽毛球的速度飞行较快，且容易损坏，随着时间的推移，这种类似羽毛球的游戏也就渐渐消亡了。

2. 起源于印度

在18世纪，印度出现了与现代羽毛球最为相似的运动"毽子板"，和日本出现的游戏的相近之处是他们都使用木板击球，特别之处在于"毽子板"用的球与我国的"毽子"相似，将羽毛插在硬纸板上。两人在一定的场区内用木板隔网来回击球，并且出现了相应的比赛规则。其场地是"葫芦"形的，中间窄处挂网，虽然规则还不是很统一，但已经是一项体育运动了。因为，世界上最早的羽毛球规则出现在印度普那，因此这项体育运动也被称为"普那"。

3. 诞生于英国

目前，比较公认的现代羽毛球运动是在18世纪后期诞生于英国的"伯明顿"。1873年，在英国苏格兰的格拉斯哥郡，一位名叫鲍弗特的公爵在伯明顿镇的庄园里举行聚会，中间遇到下雨，人们转为室内活动。大家正发愁不知如何是好时，几位来宾提议进行"毽子板"游戏。这次"羽毛球"游戏吸引了大家的注意力，很快这项运动便在镇子里流行起来，进而传遍英国。由于大多数人并不知道这是什么运动，便以小镇的名称加以命名为"伯明顿"，英文的单词是"Badminton"，也就是现在羽毛球运动的英文翻译。此后羽毛球运动在英国得到了极大的推广和改进，在借鉴网球运动后，改进了穿线的球拍，并且将场地设定为长方形，使用羽毛和软木塞做球托。在1878年，英国制定了完善和统一的规则，其中的很多内容直至现在仍无太大改变，由此可见，羽毛球运动真正由游戏发展为一项规则统一的体育活动，是在英国诞生的。

二、羽毛球运动的发展

羽毛球运动从诞生至今，已历经了100多年的历程，在经过了缓慢的普及推广后，在20世纪末21世纪初，国际羽联实施了大刀阔斧的改革。羽毛球运动无论是在赛事的发展、规则的演进还是器材的创新都影响着技术的发展及打法类型的改进，进而影响训练手段和方法的革新，正是这些发展和变化，使得羽毛球这项运动具有了顽强的生命力。下面就具体阐述羽毛球运动项目发展所经历的变革和面临的问题。

1. 赛事及格局变化

自1878年英国制定完善的规则后，羽毛球运动进入了迅速发展阶段。1893年，英国成立了世界上第一个羽毛球协会，并于1899年举办了首届全英羽毛球锦标赛，此项赛事也是目前历史最为悠久的重要赛事。值得一提的是，在2009年正值全英公开赛百年诞辰之际，中国选手创造了一大奇迹——囊括5个单项冠军，创造了这项赛事近71年来首次由一个国家的选手包揽五金的奇迹。

1934年，由英国、法国、爱尔兰、荷兰、丹麦、美国和加拿大等国发起成立了国际羽毛球联合会，总部设在伦敦。从此国际间比赛日益增多。1948年，马来西亚队获得了首届"汤姆斯杯"冠军，开启了亚洲称雄国际男子羽坛的时代。1956年，世界女子羽毛球团体锦标赛"尤伯杯"开始，美国队包揽前三届的冠军。20世纪60年代前期，中国队异军突起。但由于我国没有获得联合国的合法席位，不是国际羽联的会员国，因此，无法参加国际羽毛球大赛。但是通过国际间的友谊赛，我国羽毛球队广受赞誉，当时被誉为"无冕之王"。

20世纪60年代后期，比赛优势逐步转移到了亚洲地区，印度尼西亚队多次包揽比赛冠军，涌现出梁海量、林水镜等羽坛名宿。20世纪70年代，欧洲选手在借鉴了亚洲的技术和经验，结合自身的力量优势和身材优势后发展了大力扣杀、杀球上网和加强网前控制等打法。这一时期欧洲的英国、丹麦、瑞典等传统强国在国际比赛中相继取得了好成绩，形成了欧亚对抗的局面。

1982年，中国首次派代表队参加了汤姆斯杯，就荣获了冠军，中国队在离开国际羽坛20年后重新赢得了自己的位置。

20世纪90年代，印度尼西亚羽毛球队具有相对较多的优势，与之抗衡的有马来西亚、中国、丹麦和瑞典等，形成围攻的局面。1992年第25届奥运会上，羽毛球成为奥运会的正式比赛项目，各国更是投入大量精力开展羽毛球运动，亚洲的中国、韩国、日本、马来西亚、印度尼西亚等国家将夺取奥运会金牌作为自己开展羽毛球运动的目标，在技术上精益求精，在人才培养上注重梯队建设，取得了斐然的成绩。

进入21世纪后，各种级别赛事层出不穷，世界羽坛依然处于欧亚争雄的对峙局势，但亚洲已经稍稍占据了优势。尽管国际羽联尝试了各种改革，但世界级的各项赛事奖项基本被亚洲各国垄断，欧洲传统强国在各项团体赛事上更是难以突破。

2. 规则的改变

1875年，世界上第一部羽毛球比赛规则出现在印度的普那。1878年，英国制定了更趋于完善和统一的规则，规则规定了赛制，规定了场地的长、宽和球网的高度，这些内容至今无太大改变。20世纪90年代后期，为使羽毛球运动传播更广、运动人群更多以及更好与媒体结合，赛制一度曾尝试性地改为"每局7分，七局四胜制"，并一度取消双打的后发球线。国际羽联的这一改革遭到了大多数协会会员的强烈反对，改革后的"7分制"在争议声中被"21分每局，每球得分，三局两胜制"所取代，并且恢复了双打后发球线。可以说球权的取消是羽毛球运动规则发展变革中的一次重要举措。但是无论规则怎样改变，其目的始终是围绕着平衡攻防双方实力、保持比赛精彩程度、开拓市场、维持该项运动生命力而进行的。

3. 器材的演变

羽毛球运动器材主要包括球拍、球和场地器材。器材改进最大的就是球拍的改进，每一次球拍材质的改进，都带来运动技术的革新。羽毛球运动从无到有，从游戏到世界普及运动的历程中，羽毛球拍也经历了一个非常重要的历程，就是由印度"普那"的木板拍跃升到借鉴网球拍的穿线木拍，这次改革使球拍的重量大幅度减轻，球拍的弹性也大为增加，使运动员回球速度更快、球击打得更远，从而使羽毛球运动得到了一次整体的提速。此后球拍的改进就是随着工业科技的发展，新材料的出现而随之改进的。球拍材质的变革首先是由铝合金替代了竹木材质，接着碳素材料又取代了铝合金材料，随之出现了超钢碳纤维加钛金属材质，现如今纳米技术也应用到球拍结构的设计之中。相信随着科技的发展，更多新材料和新技术还会被应用到球拍的设计与制造中。

羽毛球的球体由鸭毛或鹅毛羽翅制作，在材料上变化不大，在结构上历经了三根羽毛、六根羽毛、十二根羽毛和目前十六根羽毛的数量。球的重量也是随着羽毛球数量和球托材质的不同而变化，目前符合竞赛标准的羽毛球的重量规定为

4.74~5.50克。

出于对运动员的保护和羽毛球比赛的环境要求，羽毛球场地由露天的泥土场地发展为室内的木质地板，再到当今合成树脂材料的地毯式场地。合成树脂材料的羽毛球场地缓冲能力非常好，具有较强的弹性和较高的摩擦系数，这也为运动员的快速起动和制动提供了保证。

4. 技术的创新

羽毛球运动技术的创新高峰阶段主要集中在20世纪60—70年代，此后虽有发展，但多是在原有基础上的改进。20世纪60年代之前，世界羽毛球打法类型主要以慢速"四方球"为主，"强调下压进攻、击球节奏突变"，利用高远球和网前放、挑球结合拉吊四角以调动对手，主动伺机扣杀。

20世纪60年代初，我国羽毛球队创造了"快、狠、准、变、活"的技术风格，开创了快攻打法的局面。在步法上解决了如何快速移动到位的问题，采用垫步加蹬跨步，以加快上网步法；在后退步法中运用蹬跳空中击球，以加快击球时间和提高击球点，从而使全场速度得到了提高。在击球手法上，强调动作小、出手快、爆发力强的动作特点，双打方面加强了快速封网的能力，这些技术创新为羽毛球运动快速发展起到了巨大的推动作用。

20世纪60年代中后期出现了快速进攻技术，印尼队在杀球、吊球技术基础上发展了劈杀和劈吊，丰富了快攻的技术打法。20世纪70年代，在追求快速进攻的目标下，印尼队发展创新了后场跳起扣杀、平高球、平快球等技术，因此快速进攻的打法类型占据了主导地位。

20世纪70年代后期，欧洲选手在借鉴中国和印尼国家队的优势技术和打法上,加强了网前的假动作,以此破坏对手进攻和防守节奏,继而加强拉、吊技术的进攻性,结合自身力量优势发展创新了正反手的突击扣杀技术。由此可见,中国独创的积极快速进攻打法已被世界羽坛广泛接受并发展创新。

20世纪80—90年代,羽毛球技术变化不够突出,技术上主要以平高球压底线、边线跳起突击杀球和上网组织进攻,变速突击是这一时期的主要打法类型,注重击球时机、击球落点和线路的变化,发展个人特长技术。

21世纪,随着羽毛球赛制的改革,羽毛球运动技术正朝着"更加积极主动,特长突出,技术比较全面,战术变化多样"的趋势发展,技术特点是突出前臂和手腕的力量,注意鞭打协调用力,步法加强弹跳和蹬跨,网前多采用搓球和平推球,后场常用扣杀、快吊和劈杀;后场反手部位多采用头顶击球技术。

5. 服装的演变

由于早期的比赛不是很规范,其竞赛的特征不明显,规则对于运动员的服装也没有任何要求,运动员参加比赛更像是参加一种社交场合。所以,运动员的穿着不受限制,甚至不穿运动服上场的比比皆是,男运动员通常穿着长裤、毛衣,也有穿西装打领带参加比赛的;女运动员则穿着不宜运动的拖地长裙,戴着手套;运动鞋都以皮鞋为主。随着羽毛球运动的推广和发展,比赛竞争的激烈程度逐渐加强,动作的幅度、运动的强度越来越大,一场球下来,往往会使运动员大汗淋漓,以前的服装已经不能满足比赛的需要,男运动员长裤逐渐被短裤取代,女运动员裙子的长度也在缩短,但仍在膝关节以下。

直至20世纪中后期，男女运动员的服装趋于一致，都统一为运动T恤和短裤，同时也出现了针对羽毛球项目制作的专业运动鞋。竞赛规则中也出现了关于比赛服装的规定，明文规定了参赛运动员的服装颜色、商标的位置及大小。规则中规定"运动员在场上应穿以白色为主的或已由有关国家组织在国际羽联注册的颜色的服装，双打必须穿同一颜色服装"，沿用至今。但是随着时代的发展，针对运动员比赛服装的各种新颖设计随之出现，色彩也不再单一，女运动员穿着更能体现女性气质的裙裤。服装的材料基本上是随着科技的发展变化而更新换代，由棉质材料发展到氨纶，再发展到纳米技术材料，使服装穿着更轻便合身，透气性、速干性都大大增加，在某种程度上也增加了比赛的观赏性。专门针对羽毛球运动设计的运动鞋也日新月异，其耐磨性、吸震性、缓冲性和对运动员脚踝的支撑与保护都有极大的改进。目前，已经有专门为运动员脚型和足底压力而设计的运动鞋垫，对于平衡足底压力、减缓运动疲劳和损伤都有很大的帮助。此外，针对羽毛球运动的保护性装备也越来越齐备，这些改进对于推广羽毛球运动、增加羽毛球运动人群有着深刻的意义。

三、世界主要赛事

1. 汤姆斯杯

1934年，国际羽联第一任主席汤姆斯爵士，捐资制作奖杯，供世界羽毛球男子团体赛用，1948年举行了第一届"汤姆斯杯"羽毛球比赛，当时，有10个国家和地区的代表队参加了比赛，汤姆斯杯为流动杯，每次比赛的冠军队将"汤杯"带回本国，保留至下届"汤杯"比赛开始。因此，汤姆斯杯比赛又称"国际羽毛球挑战赛"。

2. 尤伯杯

由世界著名女子羽毛球运动员尤伯夫人捐赠的奖杯供世界羽毛球女子团体赛用。1956年举行了第一届"尤伯杯"羽毛球比赛。从1984年第10届开始，与汤姆斯杯同时、同地举行，比赛方法也相同。

3. 苏迪曼杯

1989年，在印度尼西亚举行了第一届"苏迪曼杯"羽毛球比赛，此杯是印度尼西亚羽协捐赠给国际羽联的奖杯。苏迪曼是印尼羽协创始人，任职22年，并长期担任国际羽联理事和副主席。每场团体赛由男单、女单、男双、女双和混双共5场组成。

4. 世界羽毛球锦标赛

1977年，在瑞典的马尔摩举行了首届世界羽毛球锦标赛。1983年以前每三年举办一次。1985年起，该项赛事改为两年举办一次，2006年起，锦标赛改为一年举办一次，每逢奥运会举办年份，锦标赛不举办。

5. 全英公开赛

全英公开赛又称全英羽毛球公开赛，或简称全英赛。是世界上最早和最具荣誉的羽毛球比赛，每年举办一次。1899年4月，第一次全英比赛成功举办，但是，当时只进行三个项目（男双、女双和混双）的比赛，男女单打都是在后来的比赛中加入的。全英公开赛无论是历史底蕴，还是影响力，均雄居国际羽坛各大公开赛之首，这一百年赛事甚至在相当长的一段时间内被国际羽毛球界视为"世界锦标赛"。

6. 世界羽毛球锦标赛

世界羽毛球锦标赛，也称国际羽联世界锦标赛，是一项由国际羽毛球联合会组织的羽毛球单项锦标赛事。世界羽毛球锦标赛是国际羽毛球联合会主办的世界最高水平的羽毛球单项锦标赛。

世界羽毛球锦标赛由1977年开始举办，1983年以前每三年举办一次。从1985年起，该项赛事改为两年举办一次，直到2005年。2006年起，锦标赛成为国际羽联日程表上一年一次的赛事，目的在于给予运动员们更多机会去赢得官方的"世界冠军"称号。但每到奥运会举办的年份，锦标赛不举办，以便为奥运会羽毛球比赛让路。

7. 奥运会羽毛球比赛

1985年6月5日，在国际奥委会第90次会议上决定将羽毛球列为奥运会的正式比赛项目。1988年，羽毛球被列为汉城奥运会的表演项目，取得了成功。1992年，在巴塞罗那奥运会上羽毛球被列为正式比赛项目，奥运会羽毛球赛不仅是当今世界羽毛球运动最高水平的赛事，而且更具象征意义。设男单、女单、男双、女双四枚金牌，1996年，亚特兰大奥运会增设混合双打。由于奥运会羽毛球项目拥有5枚金牌，从而加入了奥运会奖牌大户之列，成为各国高度重视和激烈争夺的焦点项目之一。国际奥委会对奥运会羽毛球项目参赛选手名额有严格限制，参赛总人数限定在172人之内。每个项目根据世界排名，选出前38名单打运动员、16对双打选手和16对混合双打选手直接参加奥运会，但每个项目中必须包括有五大洲的各1名选手或1对选手，这些运动员必须是该洲世界排名最前面的运动员。历届奥运会金牌获得情况详见表1-1。

表1-1 历届奥运会金牌获得情况表

时间（年）	举办城市	金牌获得者
1992	巴塞罗那奥运会（共设4枚金牌）	男子单打：魏仁芳（印度尼西亚） 女子单打：王莲香（印度尼西亚） 男子双打：金文秀/朴柱奉（韩国） 女子双打：郑素英/黄惠英（韩国）
1996	亚特兰大奥运会（共设5枚金牌）	男子单打：拉尔森（丹麦） 女子单打：方铢贤（韩国） 男子双打：苏巴吉亚/迈纳基（印度尼西亚） 女子双打：葛菲/顾俊（中国） 混合双打：金东文/吉永雅（韩国）
2000	悉尼奥运会（共设5枚金牌）	男子单打：吉新鹏（中国） 女子单打：龚智超（中国） 男子双打：陈甲亮/吴俊明（印度尼西亚） 女子双打：葛菲/顾俊（中国） 混合双打：张军/高崚（中国）
2004	雅典奥运会（共设5枚金牌）	男子单打：陶菲克（印度尼西亚） 女子单打：张宁（中国） 男子双打：金东文/河泰权（韩国） 女子双打：杨维/张洁雯（中国） 混合双打：张军/高崚（中国）
2008	北京奥运会（共设5枚金牌）	男子单打：林丹（中国） 女子单打：张宁（中国） 男子双打：马基斯/亨德拉（印度尼西亚） 女子双打：杜婧/于洋（中国） 混合双打：李孝贞/李龙大（韩国）
2012	伦敦奥运会（共设5枚金牌）	男子单打：林丹（中国） 女子单打：李雪芮（中国） 男子双打：蔡赟/傅海峰（中国） 女子双打：田卿/赵云蕾（中国） 混合双打：赵云蕾/张楠（中国）

（续表）

时间（年）	举办城市	金牌获得者
2016	里约奥运会（共设5枚金牌）	男子单打：谌龙（中国） 女子单打：马林（西班牙） 男子双打：张楠/傅海峰（中国） 女子双打：松友美佐纪/高桥礼华（日本） 混合双打：阿玛德/纳西尔（印度尼西亚）

第三节 羽毛球运动所需条件

一、球拍

这些年来羽毛球用品与器材，可以说是日新月异。现在许多羽毛球用品生产商都以高科技来设计与制造羽毛球用品，使球员更能享受羽毛球运动的乐趣和取得更好的成绩。如方头球拍的问世，太空材料钛的应用等，无疑是为了使球员打出更有速度、更具杀伤力的球来。因为对一个羽毛球初学者而言，一支球拍的拍形、重量、结构、材料、硬度与正确的穿弦方式比它的颜色、包装和价格更为重要。

1. 拍弦磅数

一般用"磅"作为拍弦紧张程度的单位。拍磅数越低其弹弓效应越明显，可以很轻松地拉后场。由于控球时间长，对球的弧线和落点控制比较好，击球甜区大，适合拉吊打法。但由于球脱离拍弦面速度慢，落点很难控制。拍磅数高的好处是控球敏锐，球脱离拍弦面速度快。但需要较强的腕部力量和控球能力。

2. 中管硬度

球拍中管软的拍杆和低拍压效果差不多。硬杆的球拍球脱离拍弦面快，适合专业和下压用得比较多的选手。拍杆也分粗细，一般细杆拍加速也比较快。

3. 拍子的长度

拍子标准长度是665毫米，加长拍一般是675毫米，但规定最长不能超过680毫米。拍柄的主要功能是减震，它是木质材料，所以拍柄也叫木柄。它的周长G3（周长89毫米）、G4（周长86毫米）、G5（周长83毫米）。拍子的平衡点一般在280~300毫米。平衡点值越小拍子挥动越灵活，适合控制型打法。平衡点值越大越适合击球力量大的选手。

4. 拍框、拍面和重量

拍框的截面形状最早是圆的，最常见的是铝合金拍。取而代之的是方形的盒型拍框。现在的拍面形状有传统的椭圆形拍面和现在的方头拍框。方头拍的好处是甜区大。羽毛球拍的重量分为2U（90~94克）、3U（85~89克）、4U（80~84克）。轻的球拍比较灵活，重的球拍进攻有力。

二、羽毛球

羽毛球可由天然材料、人造材料混合制成。只要球的飞行性能与球的性能相似即可，球重4.74~5.50克。比赛中要根据海拔和气候条件选择适宜重量的比赛用球，以保证球的速度和飞行性能。正规比赛用球都是白头的室内羽毛球（图1-1）。这种球的底托内为软木，外包白羊皮，底托质量的好坏决定了球弹性的大小，和被击打后球头掉转的速度。每只球由16根羽毛组成，每根球毛长度要在60～70毫米，每片羽毛要间隔均匀，毛梗两侧羽翼对称且粗细相同，毛梗有韧性、无虫蛀等毛病，否则球的飞行轨迹会不稳定。最好的羽毛应为坚硬、挺直、抗打耐用的鹅翎，它的下落速度最符合标准。

图1-1

正规比赛测试用球时，由比赛裁判长在端线外用低手向前上方全力抽击羽毛球，球的飞行方向应与边线平行。符合标准速度的球，应落在离对方端线外沿530～990毫米的区域内（图1-2）。

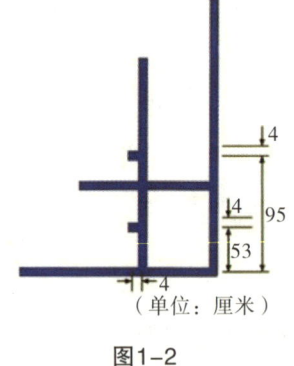

图1-2

三、场地

羽毛球场地是一个长13.4米，双打宽6.10米，单打宽5.18米，场地中央被球网（两边柱子高1.55米，中间网高1.524米）平均分开的长方形场地，场地线由40毫米宽的黄色或白色线画出（图1-3）。根据开展羽毛球运动的实际条件，露天场地常常是沙土、水泥或沥青材质，而室内场地多为木质地板、合成塑胶或地毯式塑胶材质。当今国际比赛的场地都是在木质地板上铺地毯式塑胶场地，这样的场地可以有效地缓冲地面对运动员的冲击，最大限度地保护运动员，避免因场地引发的运动损伤。同时，地面的摩擦系数适宜快速起动和制动，有效保障了运动员自如地完成移动，而且比赛中观众常常可以欣赏到运动员精彩的鱼跃救球，这种技术动作在其他材质场地上是很难做出的。

羽毛球的球网装置由球网和网柱两部分组成。从球场地面起，网柱高度1.55米，当球网被拉紧时，网柱应与地面保持垂直。无论是单打还是双打比赛，网柱都应放置在双打边线的中点上，网柱的任何部分不能深入球场内。球网是由深色、优质的细绳编成，网孔为方形，边长均在15~20毫米，即羽毛球不能穿过球网网孔。球网全长6.1米，即双打场地的宽度。上下宽760毫米，上沿由宽75毫米的白色布带对折成夹层，绳索穿过夹层将球网拉紧，并与网柱顶齐平。从球场地面起，球网中央顶部高1.524米，双打边线处网高1.55米。球网两端与网柱之间不能有空隙，防止球从此处穿过，可以将球网两端与网柱系紧。

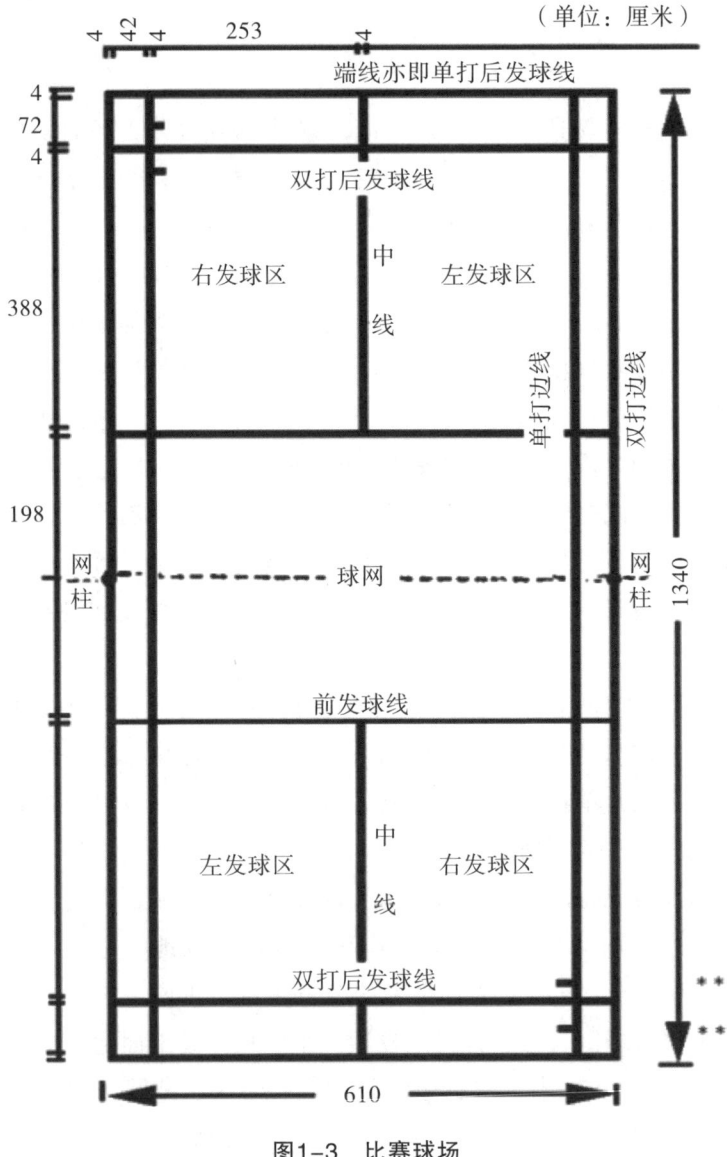

图1-3 比赛球场

四、服装

羽毛球运动对服装的要求不是太高。一般来说，宽松舒适和透气吸汗的短袖运动衣裤就可以满足参与这项运动了，而专业运动员由于运动强度大，比赛时通常会多准备几件运动上衣，便于比赛间歇时更换。羽毛球运动对于运动鞋的要求较高，防滑、耐磨、减震效果好的鞋子都可以用作羽毛球鞋，但是专业的羽毛球鞋对于足跟部的缓冲、脚踝的固定和前脚掌抗扭转性都有针对性的设计和构造，对于保护运动员、避免运动损伤有着积极的作用。

五、比赛条件

1. 场地条件

对于奥运会、世界锦标赛、苏迪曼杯、汤姆斯杯和尤伯杯决赛阶段的比赛，比赛场地的净空最低高度是12米，其他国际比赛也应满足这一条件，如达不到这一高度，也不得低于9米高度。球场所有界限外，最少要有2米的空地，并列的球场之间最少也应有2米的距离，球场周围的背景最好是深色的。目前国际比赛已采用化学合成材料作为可移动的球场。不论是采用木板地面还是合成材料地面，都必须保证运动员在比赛中不感到太滑或太黏，并有一定的弹性。

2. 灯光条件

羽毛球比赛要求在四周比较暗黑的环境中进行，球场上空的灯光则是关系到比赛能否顺利进行必不可少的重要因素，因为适宜的灯光能使运动员对比赛充满信心。另外，当运动员朝着墙壁或天花板方向注视来球的时候，任何反光面都会妨碍运动员的击球。为避免自然光线的干扰，体育馆内应挂上窗帘。在专门的羽毛球馆内，墙壁和天花板应是暗色的。关于灯光的设置和布局有两种方法：一种是白炽灯泡，安装在每一球场两侧的网柱上空（无须安装反射装置），灯光照度总计为400～500勒克斯；另一种是荧光灯，要求挂在与球场边线平行并且长度一样的地方。

3. 空气流动条件

羽毛球本身的重量轻，很容易受到气流的影响。因此羽毛球场馆不能有太大的气流，气流的流动会极大地影响羽毛球的正常速度和飞行轨迹，从而影响比赛的正常进行。体育馆内通常要避免空气的流动性，在必须使用空调或排风设备时，要注意气流对于羽毛球飞行的影响。现代体育场馆的设计已经将空气流体力学对于羽毛球场馆的要求相结合，羽毛球馆的设计既使观众享受到空调设备带来的凉爽，又不能影响场地中心的羽毛球比赛。

第四节 基础理论

一、站位

运动员站在羽毛球场地上的位置称为站位。站位有两种情况：一种是受限制的站位，如发球、接发球时运动员的站位，就必须按要求站在规定的区域内；另一种是不受限制的站位，可根据自己或同伴的需要而选择。如单打的站位一般在离前发球线1米左右的中线附近。双打站位可根据双打两个运动员的具体战术需要而选择前后站位或左右站位。依据场地位置站位具体分为：右半区站位、左半区站位、前场站位、中场站位和后场站位。

二、击球点

所谓击球点是指运动员击球时，球拍与球相接触那一点的时间、空间位置。击球点包括三方面的内容：第一，拍和球的接触点距地面的高度；第二，接触点与身体的前后距离；第三，接触点与身体的左右距离。击球点选择是否合适，决定着击球质量的好坏，它将影响运动员击球的命中率，造成得失分。因此选择合适的击球点至关重要。

三、正手技术、反手技术和头顶技术

正手技术是指持拍手同侧的击球技术，反手技术是指持拍手

异侧的击球技术，头顶技术是指采用正手持拍的方法完成头顶甚至反手位置来球的击球技术。

四、击球动作一致性与突变性

击球技术是以击球的飞行轨迹、路线和技术动作的方法差异而划分的，但有些技术在动作方法上有很多相似的动作，在击球前尽可能保持相似的动作，就叫作击球动作的一致性。动作一致性不仅增加了对方准确判断的困难，而且还会延迟对手的判断，甚至会造成错误的判断，增加对手回球的困难，导致回球质量不高，甚至会直接得分。突变性则要求技术动作变化要突然，变化形式要多样。一致性是为突变性做准备，突变性是一致性的最终表现。

五、击球动作结构

羽毛球的技术动作很多，动作方法各式各样，但在每一次击球的技术动作结构上却有相同的规律，详见图1-4击球动作结构图。

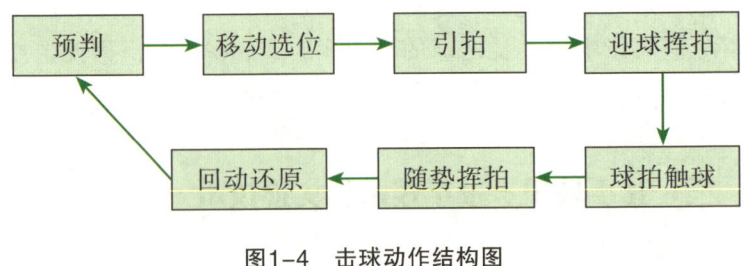

图1-4 击球动作结构图

1. 预判

羽毛球运动员要在极短的时间内对来球做出迅速、准确的反应和决策，必须具有高效率搜索信息并做出决策的能力。运动员在比赛中存在明显的预判现象，且预判存在水平差异。优秀运动员能从对手挥拍幅度、击球拍面角度以及击球声音等信息中快速而准确地判断出对手的回球意图，从而能够有充足的时间对信息做出提前加工，迅速而准确地做出动作应答。

2. 移动选位

每一回合开始时，运动员在本场区内从准备姿势开始移动选择合适的击球位置（图1-5）。准备姿势要有利于迅速起动，一般情况是两脚左右开立，稍有前后。注意身体重心不要同时压在两只脚上或某一只脚上，要使重心在两脚间轮流移动，以便快速运动，迅速到位击球。

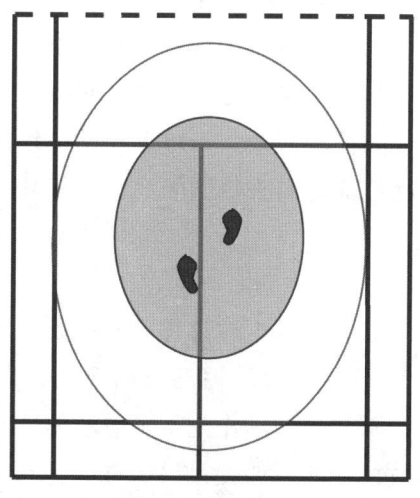

图1-5 回动区域

3. 引拍

击球的第一个动作是引拍，它为挥拍击球做好前期准备，是决定击球力量和方向的重要环节，其动作方向往往与挥拍击球方向相反或不一致。引拍幅度大，击球时力量就大；引拍幅度小，击球时力量也相对小。

4. 迎球挥拍

这是击球的发力过程，要做到有力、及时。挥拍时靠身体各部的协调配合，仅仅靠前臂、手腕将球拍快速挥动是有一定困难的。因此，必须靠腰部的转动，腿部的蹬伸以及上臂、前臂、手腕、手指多种力量共同完成挥拍动作。挥拍过程中的"鞭打动作"是增加挥拍动作力量的关键。

5. 球拍触球

移动、选位、引拍和挥拍都是为击球服务的。击球时的位置（击球点）、拍面角度影响着击球的效果。击球时要注意"抢高点""抢前点"，切记不可等球飞近身体时再打。拍面的控制决定着击球的力量、角度和弧线，击球动作的一致性就是在击球的一瞬间由手腕变换拍面方向来控制的。

6. 随势挥拍

在球拍击中球后，一个击球过程已告结束，由于惯性，动作不能立刻停住，往往要继续沿挥动方向运动，逐渐减慢而停下来，即随势挥拍。随势挥拍动作是不可或缺的环节。一方面，随势挥拍可使动作放松流畅不僵硬；另一方面，有利于下一技术动作的衔接。

7. 回动还原

击球完成后，为顺利衔接下一个动作，必须还原到击球前的状态。还原包括步法和手法上的还原，步法要注意"还原回动中场"以便照顾全场各个位置；手法要还原成准备姿势以便回击下一来球。

第二章 基本技术

第一节 握拍

"球拍是手的延伸",规范的握拍法,对于合理、准确、全面地掌握基本击球技术关系重大。握拍合理,球拍就会像你的手一样,灵活自如;握拍不得当,不仅会影响技术动作的完成、力量的发挥,而且会降低击球的效果和准确性,从而减弱击球的威力,也会极大地限制以后技术的进一步提升。合理的握拍就是在出现正反手交替击球时,球拍面能够迅速转换,利用手指与拍柄之间的杠杆作用,有利于击球的发力,尤其是反手击球时的发力。同时,利用手指的精确控制来调整拍面角度和击球力量。

一、正手握拍

握拍之前,先用非执拍手拿住球拍,使拍面先与地面垂直,张开右手,使手掌下部靠在球拍的握柄底托部位,虎口对着球拍框。小指、无名指、中指自然并拢,食指与中指稍稍分开,自然弯曲并且贴在球拍柄上(图2-1)。掌心不要贴紧,手部肌肉放松,只是在击球一刹那,手指突然紧握拍柄而发力。这种握拍方式有利于进行劈击的击球方式。在回击正手高远球时，一方面通过侧身调整拍面使拍面朝向侧前方；另一方面则是要通过前臂的旋内动作使球拍触球时保持拍面正对前方。其中前臂的内旋动作也是给球拍加速的一个不可或缺的环节。

（扫码看视频）

图2-1　正手握拍

二、反手握拍

1. 反手发球握拍

反手握拍发网前或后场球时，拍框稍外转，拇指伸直贴在球拍柄内侧的宽面上，食指、中指、无名指、小指并拢，握住球拍（图2-2）。

图2-2　反手发球握拍

（扫码看视频）

27

2. 反手击球握拍

反手击高远球或吊球时，握拍的方式与反手发球稍有不同。拍框稍外转，拇指伸直贴在球拍柄内侧的窄面上，食指、中指、无名指、小指并拢，握住球拍（图2-3）。通常，反手握拍时，手心与球拍柄之间有一定空隙，这样有利于手腕力量和手指力量的灵活运用。

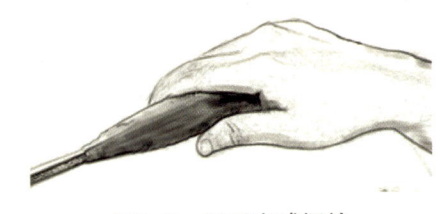

图2-3　反手击球握拍　　　　　　　（扫码看视频）

三、非常规握拍

比赛时，我们经常会看到运动员使用一些非常规的握拍方式，如网前正手扑球时采用的"苍蝇拍式"；双打中，持拍部位趋向于前端等。由此可见，球拍的握法在击球时会产生各种变动，并非固定不变。采用何种握拍方式一定要与具体的技术需要相一致，初学者要尽量避免用一种握拍法去打所有的球。

通过合理握拍，使球拍获得最后加速的要领：击球前拇指、食指和中指放松，掌心与球拍柄之间留有发力空间。正手和反手握拍时，最明显的变化是拇指接触拍柄的位置。正手击球时握拍拇指的位置要低于食指，而反手击球握拍时，拇指的位置要略高于食指。击球时，食指和拇指夹住拍柄，中指、无名指和小指紧握拍柄，抓握动作由松到紧，利用杠杆的原理，使球拍得到最后的加速。

将拍面与地面垂直，从拍柄的底盖可以清楚地看到拍柄的横截面，形状是一个上下边略窄，左右边略宽的八边形（图2-4），而非正八边形（图2-5）。这种形状的拍柄使持拍人在眼睛不看球拍的情况下，仅依靠拇指和食指的捏握感觉就能准确控制拍面的角度。因此，羽毛球拍的握法中，拇指和食指的位置至关重要。很多不规范的握拍方式几乎都与此有关，初学者一定要掌握规范的握拍方式，在此基础之上才能不断提高技术水平。

   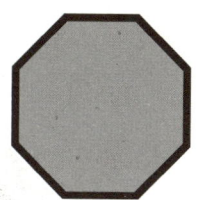

图2-4　拍柄截面　　　　图2-5　正八边形

第二节　准备姿势及选位

一、准备姿势

准备姿势是技术动作一系列环节的起点，也是一个技术动作转换成另一技术动作的过渡环节。通常我们提到准备姿势，就势必要严格区分两种状态下的准备姿势。一种是在接发球时所处的准备状态,另一种是在对抗中的准备状态。二者有着明显的不同。前者是接发球者处于静止状态,只等对手发球后才起动,而后者是在对抗中所处的准备姿势,它是前后技术动作的衔接环节。

1. 接发球准备姿势

接发球时,接球运动员只需防守一侧半场的接发球区域。因此,接发球时的站位要有利于后场正手击球。单打接发球时,应将持拍手对侧的脚置前,同侧脚在后,侧身对网,重心在前脚,后脚的脚跟稍提起,双膝微屈,收腹含胸,两眼注视对手动向(图2-6),预判对方的发球线路。

图2-6 接发球准备姿势

在比赛中,为了防止对手突然发球偷袭,有经验的运动员在选好接发球的位置后,往往一边伸手示意表明自己还没准备好,一边降低重心,集中注意力。当自己完全准备好后(动作上和心理上),将伸着的手缓慢下放,此时才示意对手自己准备好了,可以发球。通常在比赛中,如果发球员在接球运动员没有准备好时发球，裁判可以判重发球；但是，当接球员虽然没有准备好，却试图去接球时，则裁判视为接球员已准备好接球。

双打接发球准备姿势基本同单打一样，但由于双打的接发球区域比单打要短一些，因此，接发球运动员在选择站位时更靠近前发球线一些。重心可随意放在任何一只脚上，球拍高举在肩上，注意力要高度集中。

2. 对抗中的准备姿势

每一回合开始时，运动员在本场区内选择合适的位置，持拍于体前做好击球准备。准备姿势要有利于迅速起动，一般情况是两脚左右开立，稍有前后。注意身体重心不要同时压在两只脚上或某一只脚上，要根据预判来决定重心靠近前脚还是后脚，以便快速移动，迅速到位击球（图2-7）。当判断对方可能回前场球时，身体的重心移至前脚；判断对方可能回后场球时，将身体的重心移至后脚；当判断对方可能回球到右侧场区，将重心移至右

图2-7 对抗中准备姿势

侧支撑脚上；当判断对方可能回球到左侧场区时，则将重心移至左侧支撑脚上。当被动接杀球时，两脚开立，以利于向两侧移动，同时重心要降得更低些，以利于向两侧更大范围地移动，重心倾向于预判来球的一侧支撑脚上。例如，当发球至对方前场内角后，预判对方可能会推击到正手后场空当位，此时应将重心移至靠近正手位一侧的支撑脚上，准备向此方向跳起突击杀球。羽毛球的预判能力尤为重要，比赛中情况是千变万化的，练习者应及时观察对手动作，进行分析和预判并采取相应的措施。

要想起动快，除了提高预判能力之外，还应注意起动前的准备姿势，必须注意在任何时候双膝都要保持微屈。躯干要稍前倾，不要挺直，并有一只脚的脚跟稍抬起，以便随时起动。这几个细节都是影响快速起动的因素。

二、选位

1. 单打选位

单打站位通常选择球场中心位置，目的是便于照顾到飞向球场四角的来球（图2-8）。"中心位置"在羽毛球比赛场上并不是某一确定的位置，而是在比赛场上根据不同条件，运用合理的技、战术，在最短时间内确定出中心位置。不同条件下运动员的最佳中心位置不同，只有迅速合理地判断并选择最佳的中心位置才能运用最合理步法移动，运用相应的手法

图2-8 中心位置

把球击到空位,抑制对方,使本方比赛游刃有余,从而控制整场比赛,取得最后胜利。

2. 双打选位

双打比赛中,运动员可根据自己或搭档的水平和战术需要选择合理站位。通常规律是防守时左右站位(图2-9),每人负责自己所在的半场区域;进攻时选择前后站位(图2-10),形成后杀前封的阵型,掌握主动;比赛时,攻防转换,运动员要注意攻守站位的转换。

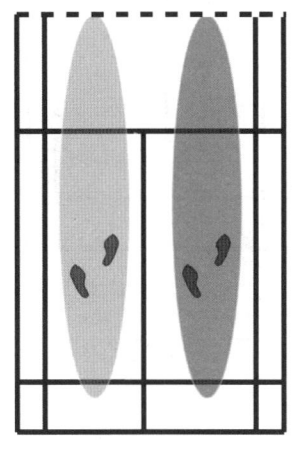
图2-9 防守站位

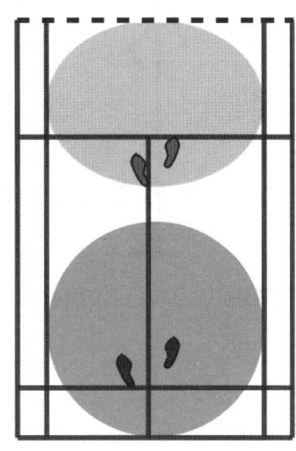
图2-10 进攻站位

3. 发球站位

单打比赛时,发球选择的站位通常是离前发球线1米左右,靠近中线附近(图2-11)。选择这个位置有利于在发球后迅速转入中心位置进行防守。

双打比赛时，发球员通常选择靠近前发球线，目的是以此缩短球托向上飞行的距离和时间，可避免对方接发球时的下压扑击，同时发球员发球后可直接就近网前封网（图2-12）。发球员搭档选择的站位通常是中后场中心区域，负责后半场的防守与进攻。

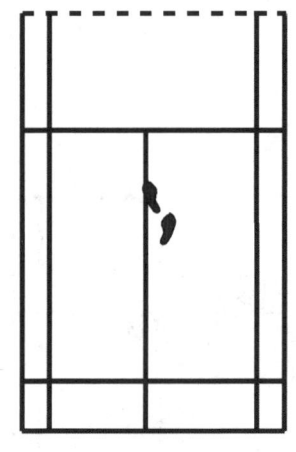 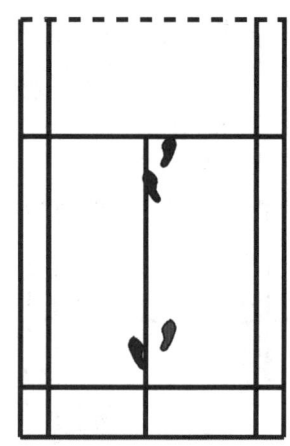

图2-11 单打发球站位　　图2-12 双打发球站位

4. 接发球站位

单打的接发球站位离前发球线约1.5米处，在右发球区要站在靠中线的位置，在左发球区则站在中间稍偏边线的位置，主要防备对方发球攻击反手区域。双打接发球时，站位可靠近前发球线，因双打的后发球线距离前发球线比单打短0.76米，发高远球易被直接扣杀。所以，双打比赛接发球时应把主要精力放在对付对方发的网前球上。

第三节　发球技术

虽然羽毛球与乒乓球、网球两个项目比较相似，都是持拍隔网对抗项目，但其最大的区别是羽毛球所使用的球并非球体。因此羽毛球运动中的发球没有乒乓球那样的旋转变化，同时受到发球规则的限制，它也发不出网球那样的速度。羽毛球发球很难直接得分，除非对方判断失误。往往当一方完成发球后，等待的就是对方的进攻。因此，如何使发出的球最大限度地降低对方的进攻威胁就成了羽毛球发球的最终目标。

一、正手发球

1. 正手发高远球

发高远球无疑是初学者一个明智的选择，这也是单打比赛中常用的发球技术。发高远球就是把球发得又高又远，使球向对方的后场上方飞行，在底线附近（界内）形成垂直下落（图2-13）。

"远"的道理很容易理解，对手回球时所处的位置离自己越远，其回球的威胁就越低，由于回球的飞行时间长，给自己的防守和判断也创造了宝贵的时间。发球尽量将球发到底线附近，迫使对方后退还击，给对方进攻制造难度，后场进攻技术差的对手较难下压进攻，减小了接球方的扣杀威胁，并增加其扣杀后抢网的难度。

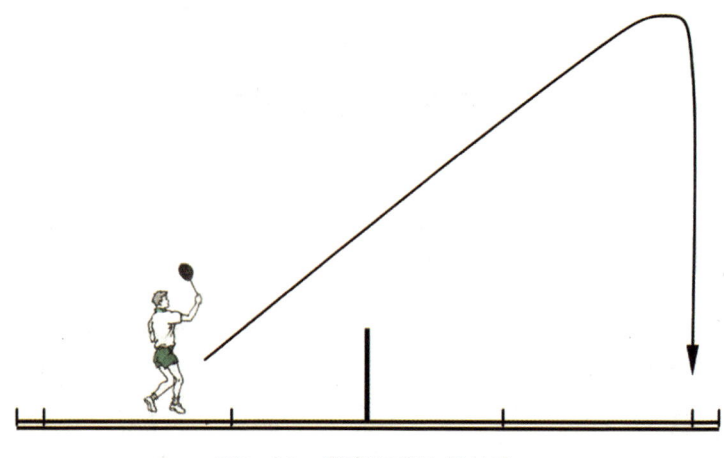

图2-13 发高远球飞行轨迹

对于"高"的理解我们还需仔细分析一下。当被问及球为何要发足够高时,初学者往往解释是为了给发球方的防守创造足够的时间。其实从发球到对方击球这个时间,对双方来说是一样的,给发球方创造充足防守时间的同时也给接球方创造了足够移动和进攻的时间,所以,这种说法并不能合理解释发高球的原因。我们从球的飞行轨迹上看,高远球飞行的弧线高,且球从高处垂直下落,若接球方强行杀球,很容易打在球毛上造成击球失误。此外,球在底线附近几乎以垂直的角度下落,很容易与场馆顶棚的照明灯重影,造成对手回球时视觉出现盲区。专业运动员在发高远球时,选择发对方接球区的内角还是外角也经常要考虑这一因素。

动作要领:以右手持拍为例,准备发高远球时,站在离前发球线1米左右的发球区中线附近,侧身对着球网,左脚在前,右脚在后,两脚之间自然分开,身体重心放在右脚上面。选择这样的位置发球是为了发球后能够迅速调整姿势进入防守状态,所处的位置必须能够照顾到场地的四周。发球的时候,左手采用"钳托式"持球(图2-14),将球举在身体的右前方,松手使球落下(图2-15);同时右手由上臂带动前臂,从后方向前,往左前上方挥动,上臂挥动时,身体重心由右脚慢慢地移到左脚;握紧球拍,利用甩手腕的力量,向前上方用力鞭打击球,在把球击出的同时,手臂向左上方挥动;击球后,身体重心也由右脚移至左脚,身体微微前倾(图2-16)。

图2-14 "钳托式"持球

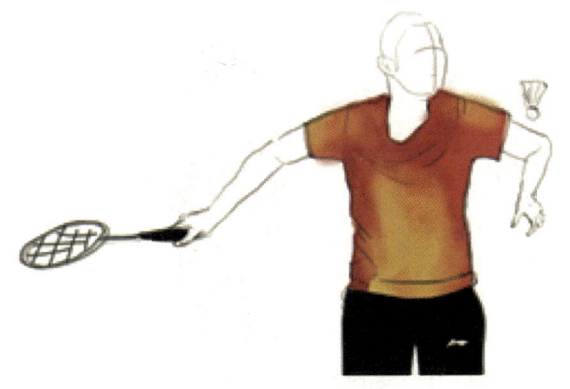

图2-15 放球挥拍

(扫码看视频)

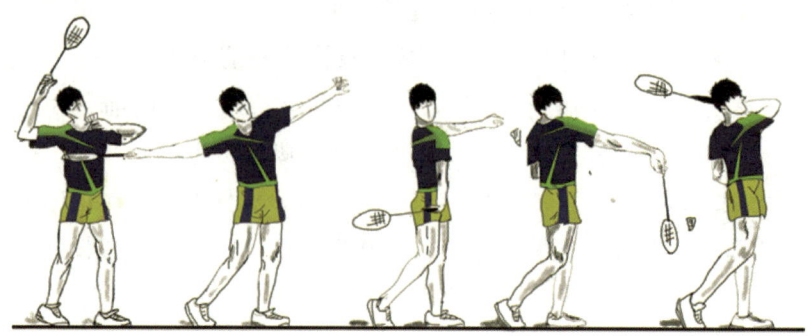

图2-16 正手发高远球

2. 正手发网前球

当采用正手发网前球时,球飞行距离最短,弧线较小,飞行过网后即向下落,落点在前发球线内。发网前球抢攻是一种先发制人的战术打法,多用于双打比赛,在单打比赛中,以攻为主的运动员也常采用此发球法。

动作要领:发网前球时,站位稍前,左手持球在球拍前方。发球时,球拍由后向前推送击球(图2-17),使球的最高弧线略高于网顶,通过拍面的切削动作使球落到对方场区的前发球线附近。由于网前球飞行距离短、弧线低、用力轻,因此,前臂挥动的幅度和手腕后伸的程度要比发高远球小(图2-18)。

图2-17 推送动作

图2-18　正手发网前球

二、反手发球

1. 反手发网前球

当采用反手发网前球时，发出的球飞行距离短，弧线较小，飞行过网后即向下落，落点在前发球线内。发网前球抢攻是一种先发制人的战术打法，多用于双打比赛，在单打比赛中，以攻为主的运动员也常采用此发球法。

动作要领：发网前球时，站位稍前，左手持球在球拍前方（图2-19）。发球时，球拍由后向前推送击球，使球的最高弧线略高于网顶，通过拍面的切削动作使球落到对方场区的前发球线附近。由于网前球飞行距离短、弧线低、用力轻，因此前臂挥动的幅度和手腕后伸的程度要比发高远球小（图2-20）。

图2-19　站位与持球

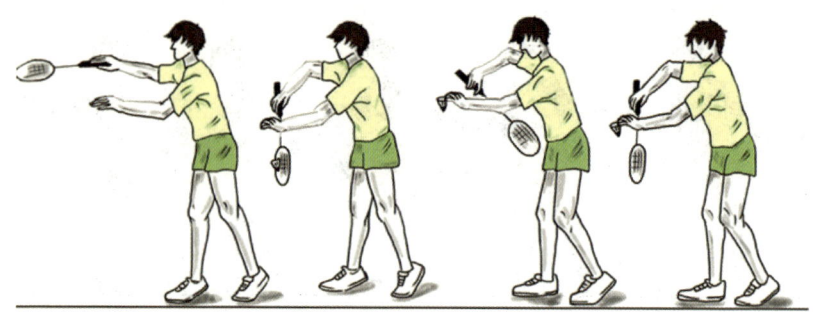

图2-20 反手发网前球

2. 反手发后场球

当采用反手发后场球时,发出球的飞行弧度不能太高,要使球迅速越过对方接球员并落到对方底线附近。比赛时配合发网前球,可以使对手不敢轻易前扑。这种发球可迫使接球员推到底线接球,往往由于不能及时到位,而造成回球质量较差。发后场球是进攻的一种手段。

动作要领: 准备发后场球时,站位和持球尽量和反手发网前球保持一致,以达到迷惑对手的目的。发球时,由上臂带动前臂加速球拍从下方向前上方挥动,触球一瞬间,手腕向前上方弹击球,手指紧握球拍。

第四节 步法移动

羽毛球步法是一项很重要的基本技术,它和手法有机结合,密不可分,被誉为"羽毛球运动的灵魂"。羽毛球运动员如果能掌握好步法要领,经常保持合适的击球位置,就会使击球的速度、力量、旋转、弧线和落点恰到好处，从而有利于提高击球的质量，并使"快、准、狠、活"的技术风格得到充分的展现。所以学习和掌握熟练、快速而准确的步法是打好羽毛球、提高运动水平的重要环节。

羽毛球步法大致可分为以下四大类：一是上网步法，二是后场步法，三是中场横动步法，四是起跳腾空步法。在实战中常用的基本步有蹬跨步、并步、垫步、交叉步和腾跳步。

一、上网步法

上网步法是指从场地中心位置向网前区域移动的步法。上网步法可分为正手上网步法、反手上网步法和蹬跳上网扑球步法。上网前的准备姿势都一样，站在球场中心位置，两脚开立，重心在前脚掌上，后脚跟稍稍提起，上体稍前倾，持拍手同侧脚稍前，两眼注视对方来球。

1. 一步蹬跨步法

判断准来球离身体所处位置较近时，左腿用力蹬地使右脚向前跨一大步，以从脚跟到脚掌外侧顺序着地，再过渡到前脚掌，上体稍前倾，右膝关节弯曲并成弓箭步（图2-21）。前腿用力缓冲，控制住身

（扫码看视频）

体，左脚自然向前脚着地的方向靠小半步，保持正确的击球姿势。击球后，右脚前掌内侧蹬地用交叉步或半步回到中心位置。左侧场区跨步上网，动作方法同右侧跨步上网，唯方向相反（图2-22、图2-23）。

图2-21　一步蹬跨步

图2-22　正手击球跨步　　　图2-23　反手击球跨步

2. 两步蹬跨步法

在离网较近、击球员争取高点击球时采用。当判断来球是网前球时,两脚轻跳将重心移至左脚,同时左脚用力蹬地,右脚向球的方向跨出一大步,使身体迅速向来球方向移动(图2-24、图2-25)。击球后,右脚先着地并迅速制动,返回球场中心位置,准备下一次击球。

(扫码看视频)

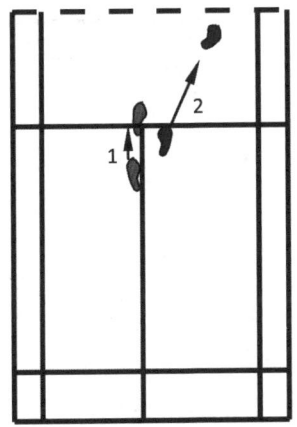

图2-24 正手击球两步跨步

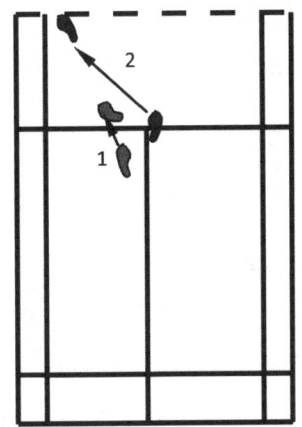

图2-25 反手击球两步跨步

3. 三步并步上网步法

右脚向前移动一步后,左脚向右脚跟进一步,紧接着右脚再向前(或向后)移一步(图2-26、图2-27)。

(扫码看视频)

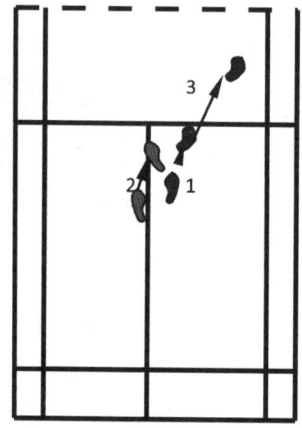 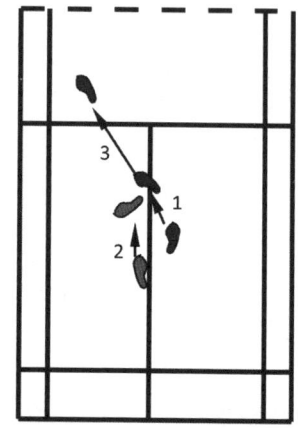

图2-26　正手击球三步并步　　图2-27　反手击球三步并步

4. 三步交叉步上网步法

　　判断准对方来球后，右脚先迈出一小步，左脚立即向右脚垫一小步（或从右脚后交叉迈出一小步），左脚着地后，脚内侧用力蹬地，右脚再向网前跨一大步成弓箭步，紧接着左脚自然向前脚着地方向靠进小半步，身体重心在前脚。击球后，前脚向后蹬地，用小步、交叉步或并步退回中心位置。左侧垫步或交叉上网步法，动作方法同右侧垫步、交叉步上网，唯方向相反（图2-28、图2-29）。

（扫码看视频）

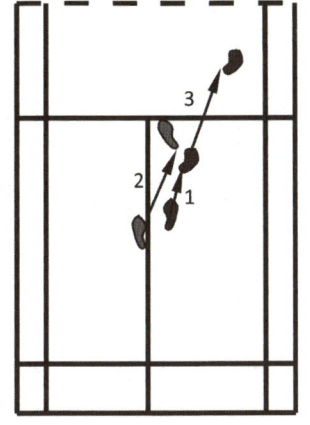 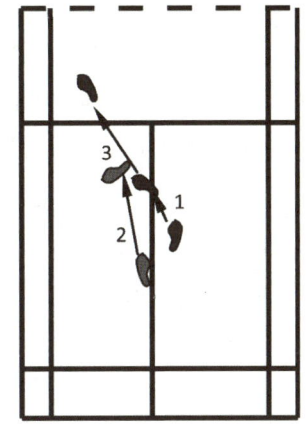

图2-28　正手击球三步交叉步　　图2-29　反手击球三步交叉步

二、退后场步法

从中心位置移动到后场各个击球点击球的步法，称为后退步法。后退步法是羽毛球步法中最常用的，也是难度较大的步法动作。因人生理结构所决定，向前总比向后移动容易些。特别是向底线场区后退，对灵活性和协调性的要求更高。

1. 正手击球交叉步后退

这种步法的特点是移动范围大，回击端线附近的球多用这种步法。判断准来球后，先调整重心至右脚，然后右脚蹬地迅速向右后撤一小步，同时上体右转，左肩对网，接着，左脚从右脚后交叉后撤一步

（扫码看视频）

（或用并步靠近右脚），右脚再向后移至来球位置。右脚着地后迅速向上蹬地，使击球点增高，同时左脚向身后伸出。当击球完成时，左脚以前脚掌先着地，然后右脚着地，左脚着地时要缓冲、制动、回蹬连接紧凑，使身体迅速返回球场中心位置（图2-30）。

2. 正手击球跨步后退

这是正手低手击球时多采用的步法。在判断来球是后场球，并来不及用上手技术击球时，迅速将重心移至右脚，紧接着右脚用力蹬地，向右转体，右脚向来球方向跨出一步，右脚一着地左脚迅速经右脚外侧（体前、体后均可）移动一步，然后右脚向来球方向再跨一大步，右臂向右后侧引拍，右脚着地的刹那间出手击球。击球后，身体重心移至左脚，同时右脚前掌内侧蹬地返回球场中心位置（图2-31）。

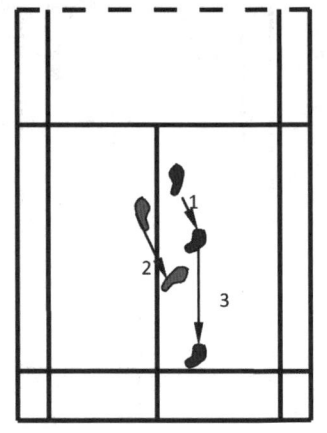

图2-30　正手击球交叉步后退

（扫码看视频）

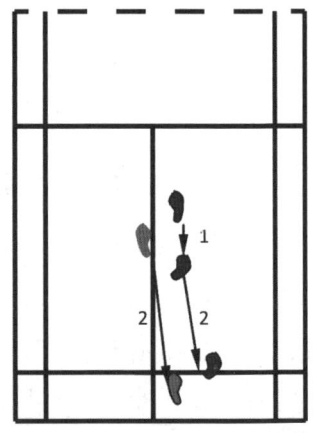

图2-31　正手击球跨步后退

3. 头顶击球后退

头顶击球后退步法是对方来球向后场反手区，用头顶击球技术还击时所采用的后退方法（图2-32）。头顶击球后退步法中可用并步或交叉步移动后退。判断准来球后，以左脚前掌为轴，右脚向右后蹬转撤一步，上体稍有后仰，接着，左脚用并步或交叉步后退至来球位置，用头顶击球技术击球，击球后，迅速回到中心位置（图2-33、图2-34）。

图2-32　头顶击球动作

（扫码看视频）

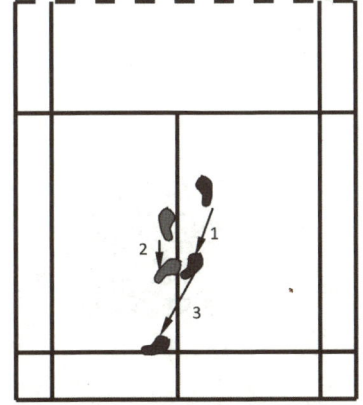

图2-33　头顶击球并步后退

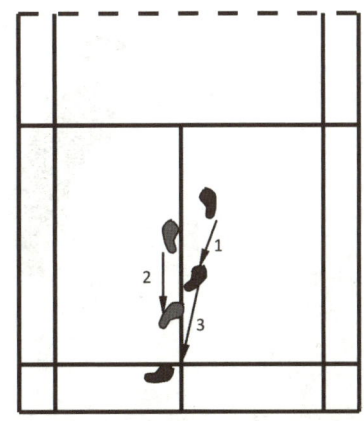

图2-34　头顶击球交叉步后退

4. 反手击球两步后退

一种是左脚先向左后方撤一步，接着上体左转，右脚向左后方跨一步背对球网，移至击球反手位置（图2-35）；另一种是右脚先向左脚并一步，然后左脚向左后方跨一步，同时上体左转，右肩对网移至反手击球位置（图2-36）。无论采用哪种方式，最后形成身体背对球网，持拍手同侧腿在前击球前的准备姿势（图2-37）。

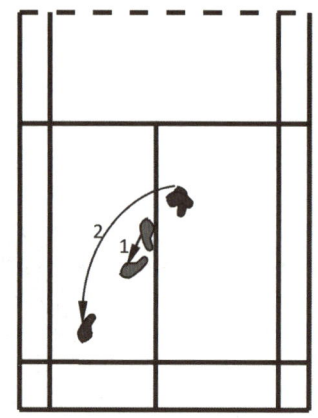

图2-35　反手击球撤步转身

图2-36　反手击球并步转身

图2-37　反手击球动作

（扫码看视频）

5. 反手击球三步或五步后退

三步后退时，右脚先向左脚并一步，左脚再向左后方撤一步，同时上体左转，右脚再向左后方跨一步至来球位置，背对球网，作反手击球（图3-38）。如三步移动还未到击球位置，则左、右再向后各移动一步，即成五步移动步法（图3-39）。

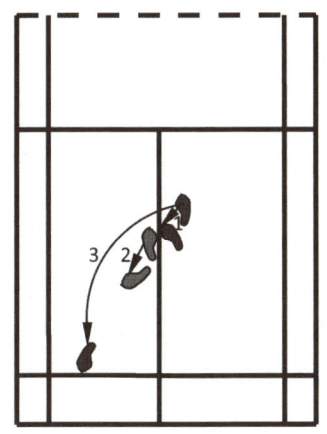

图2-38 反手击球三步后退

图2-39 反手击球五步后退

三、中场横动步法

从中心位置向左右两侧移动到击球点上击球的步法，称为两侧移动步法。两侧移动步法多用于接对方的扣杀和打来的半场低平球。其移动前的准备姿势及站位基本同上网步法。

1. 向正手一侧蹬跨步

起动后，左脚掌内侧用力起蹬（同时向右转髋），右脚向右侧跨出一大步，上体略微向右侧倒作正手击球。击球后，以右脚前掌回蹬，回到中心位置（图2-40）。这种步法适合对来球距身体较近时使用。

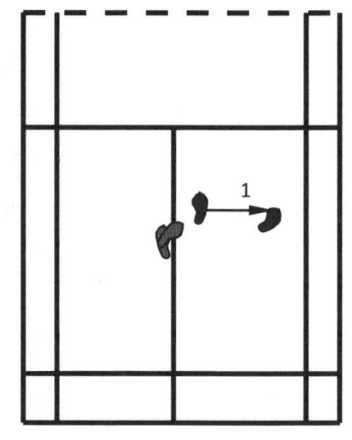

图2-40　向正手一侧蹬跨步

2. 向正手一侧垫步加跨步

起动后，左脚向右脚并一步，左脚一着地就用力向右蹬，使右脚迅速向右跨出一大步，右脚着地后成弓箭步，身体略向右侧倒，出手击球。击球后，右脚前掌回蹬，回到中心位置（图2-41）。这种击球步法适合球距身体较远时使用。

图2-41　向正手一侧垫步加跨步

3. 向反手一侧跨步

起动后,右脚掌内侧用力起蹬,同时向左转髋,左脚向左跨出一步(重心落在左脚上,脚尖偏向左侧,以脚趾制动)(图2-42),上体略向左侧倒,作反手击球。击球后左脚前掌回蹬,回到中心位置。

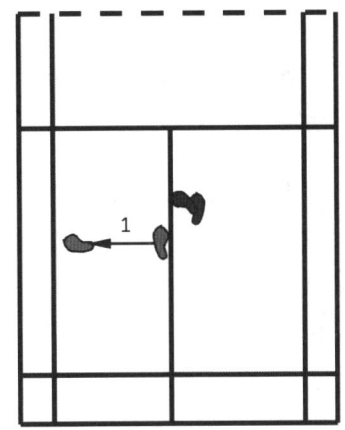

图2-42 向反手一侧跨步

4. 向反手一侧蹬转步

这种步法只适用于反手击球。起动后以左脚前掌为轴,向左转髋,同时,右脚内侧用力蹬地,经左脚前向左跨一大步(重心在右脚上,以脚前掌制动)成背对网姿势,上身略向前倾作反手击球(图2-43)。击球后,以右脚回蹬随即转成面对面,回到中心位置。

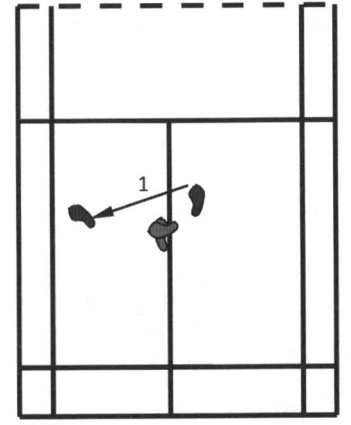

图2-43 向反手一侧蹬转步

5. 向反手一侧垫步加蹬转

起动后，左脚先向左侧垫一步。此后动作同背对球网移动步法（图2-44）。

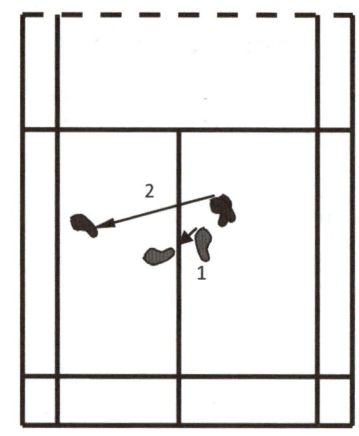

图2-44　向反手一侧垫步加蹬转

四、腾跳步法

身体腾空，动作迅速突然，能充分利用腿、脚的蹬跳力量。脚步到位后，为争取高点击球而采用。多用于前场网前正反手扑球，或底线正手跳起杀球。提高击球的高度，从而提高回球质量，是一种主动进攻所采用的步法。

1. 腾跳步上网步法

站位稍靠前，判断要重复打网前球时，利用单脚蹬地，身体前倾，迅速跳向前，抢高点回击。上体前倾，重心放在持拍手同侧腿上，异侧腿保持身体平衡。击球后，持拍手同侧脚着地并制动，异侧脚

（扫码看视频）

也跟着着地，维持身体平衡。整个脚后跟实质上是一条腿完成的，另一条腿起到平衡身体的作用，其腾跳方向是向前的。距离

较近时直接移动重心到前腿，然后起跳（图2-45）。距离稍远时，可以先向来球方向跨一步顺势将重心转移过去，然后再起跳击球（图2-46）。

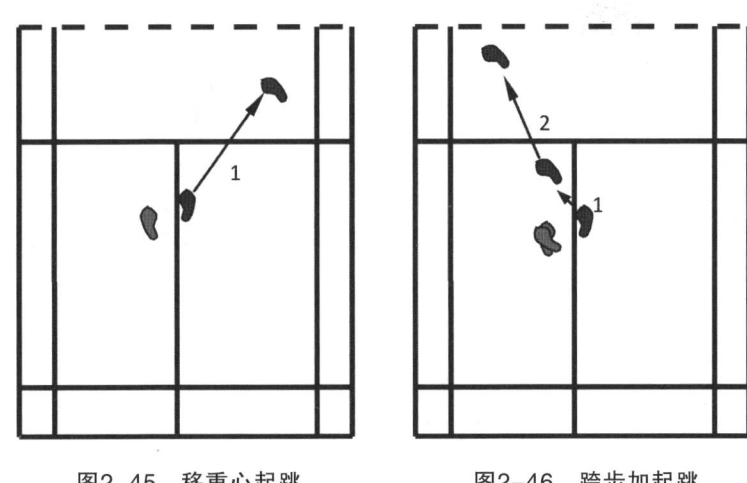

图2-45　移重心起跳　　　　图2-46　跨步加起跳

2. 腾跳步底线杀球步法

站位在底线，为了争取提高击球点，使杀球落点变化多一些，常采用双脚起跳，居高临下，凌空一击，若两脚之间距离大，可先并步再蹬跳。移动到位后，持拍手异侧脚稍前，躯干稍前倾，两膝稍屈。动作开始时两脚同时蹬地，身体进入腾空阶段，躯干由前倾过渡到全身"反弓"形（图2-47），膝稍屈，击球后，双脚落地，屈膝缓冲，上体前倾，准备连接下一个动作，其腾跳基本上是垂直方向的（图2-48）。

 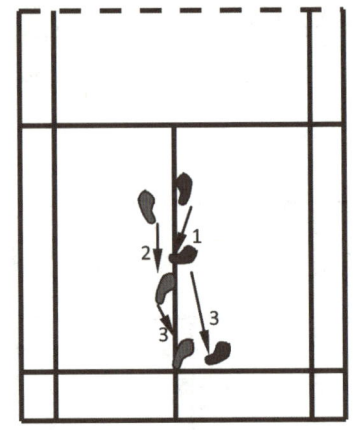

图2-47　起跳空中姿态　　　图2-48　后退起跳

第五节　击球技术

一、正手击高远球

在羽毛球所有击球技术中，正手击高远球技术最为基础也最为重要。由于高远球的飞行弧线较高，到达对方底线所需要的时间较长，不易被对方拦截，因而它能够迫使对方远离"中心位置"退到底线附近击球，从而降低对方的攻击性，拉开场上移动距离。我方防守或处于被动状态时，可以利用高远球来争取回动时间，扭转被动局面。

羽毛球竞赛最初的对抗就是基于后场的对抗，先有后场的对抗才有网前的对抗。可以说，正手击高远球技术是一个分水岭，通过这一技术几乎可以准确地判断一个人的羽毛球竞技能力是初学水平还是已经步入了业余水平。如果不能将球从一端底线击打到另一端底线,那么比赛就变得很简单。此外,后场高远球技术是后场吊球、杀球动作的模型,后场技术"动作一致性"就是基于此项技术(图2-49~图2-51)。练好正手击高远球技术动作也是为以后练习其他技术打下坚实的基础。

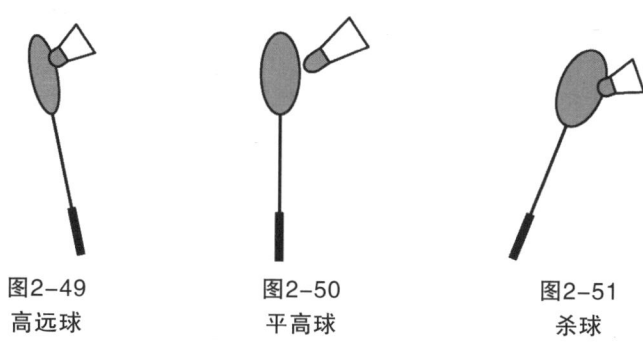

图2-49　　　　　图2-50　　　　　图2-51
高远球　　　　　平高球　　　　　杀球

下面从正手击高远球技术动作的每一个环节进行重点介绍。

1. 准备动作

左脚在前,右脚在后,两脚与肩同宽,身体侧向球网,重心在右脚上,左手自然上举,眼睛注视来球。右手持拍采用正手握拍法,屈臂举于右侧,拍头位于额头上方。

2. 引拍动作

上臂随着身体向左转体,稍作回环上举,身体充分伸展成"背躬"。肘关节向上,拍头下垂,作"挠背"动作。

3. 击球动作

上臂上举,前臂急速旋内,同时顺着原来的回环动作继续向前上方挥动,手腕向屈收方向继续作回环动作,手指屈指发力握紧拍子，以正拍面击球托的后下部。击球瞬间，持拍手臂自然伸直。击球点在右肩上方，左手协调屈臂降至体侧协助转体。两手臂的配合顺序为：左手先下拉收臂，然后挥拍击球。

4. 随挥动作

身体随惯性向左侧转体，右脚随身体重心前移并向前跨步。右手向左下方挥拍至身体左侧腋下，球拍减速后顺势收回至体前，还原成松握球拍形式。

5. 下肢跳转动作

右脚起跳随即在空中转体并完成引拍、击球动作。击球动作是在空中最高点完成的，落地瞬间左前脚掌内侧着地，膝关节自然伸直以便能用力蹬地，使身体重心前倾，而后脚落地。

正手发高远球技术的完整连贯动作见图2-52。

图2-52　正手击高远球技术连贯动作

对于初学者来说，总是打不远高远球是普遍存在的现象。导致这种结果的原因有很多，其中打不准、击球时拍面不正、击球点低、动作幅度小、鞭打动作不协调等都会影响击球的最终效果。

（扫码看视频）

二、正手吊网前球

通常吊球技术和高远球结合使用，前后变化，起到调动对方位置和为我方寻找突击进攻的作用。吊球的技术动作同正手击高远球技术完全一致，不同之处在于通过控制击球时的拍速以及球拍触球的角度变化来实现吊球的目标（图2-53）。吊球主要技术有轻吊和劈吊两种，两种吊球的飞行轨迹和落点有很大差别，有着各自不同的战术目的（图2-54）。

图2-53　正手吊球技术连贯动作

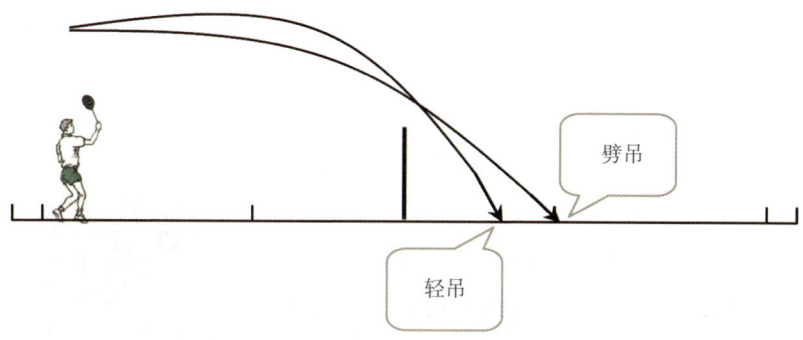

图2-54　劈吊与轻吊的飞行轨迹与落点

1. 轻吊球

轻吊球的技术相对比较容易掌握，初学者建议从轻吊技术开始学起。通过控制球拍的速度来降低球拍击球时传递给球的冲量，使球飞行距离变短并落在球网前附近区域。球的落点比较贴网，能够最大限度地拉开对方移动的距离。但是，与劈吊球技术相比，球在空中飞行的速度相对要慢一些。此外，轻吊球的技术动作隐蔽性较差，由于击球时拍速较慢，很容易被判断出是吊球，而且击球时的拍面与出球方向一致，因此，对方很容易判断出球线路。

2. 劈吊球

劈吊球时球拍的挥拍方向与出球方向不一致，球拍与球切击的夹角变化决定了线路的变化。劈吊球时带有劈切动作，当球落到持拍手臂向上自然伸直的高度时，手腕快速做切削动作，使球拍面与球托的右侧或左侧接触而把球击出去就完成了劈吊动作，击球后球拍随惯性自然回收到胸前。劈吊技术是在不降低球拍击球速度的条件下，通过球拍面与球的切击，使球拍传递给球的冲量较少，达到使球飞行距离变短的目的。切击球时产生的球速相对较快，而且击球时拍面变化与杀球技术动作一致性强，动作更加隐蔽。但击球的落点一般要比轻吊球离网远一些，调动对手跑动的效果不如轻吊球好。

3. 线路控制

（1）正手吊直线球

击球点与正手在右肩前上方，切击球托的后部，击球一刹那球拍与击球方向成90°夹角，握拍要松，以便拍柄向虎口滑动，前

（扫码看视频）

臂稍内旋。球拍随击球惯性和转体向左下方挥动，上臂旋外。

（2）头顶吊对角线球

击球点在左肩上方，击球时，前臂急速内旋以斜拍面快速切击球托的左斜侧面。

（扫码看视频）

（扫码看视频）

（3）正手吊对角线球

击球点在右肩前上方，运用前臂外旋使拍面向前下方切击球托的右侧面，击球瞬间，手腕要控制好拍面角度，使球向对角网前飞行。

（4）头顶吊直线球

击球点在左肩上方，击球动作与正手吊对角线相似，击球部位在球托的后部，采用推切的动作。

（扫码看视频）

这几种吊球线路我们可以根据落点不同大致分成两类。正手吊对角线和头顶吊直线的落点是一致的（图2-55），正手吊直线和头顶吊斜线的落点是一致的（图2-56）。因此，落点一致的两种吊球技术在技术动作上比较相似。不同之处在于击球时的位置和切击时球拍面与球的夹角，吊对角时由于回球线路是斜线，球拍的切击角度要小一些，这样出球线路才会更偏斜。吊直线时，回球线路是直线，球拍的切击角度要大一些，甚至接近90°角。

练习时，可以进行"移动两点吊一点"的练习方法（图2-55、图2-56），有利于练习者在基本动作变化不大的情况下，体会击球时拍面切击角度的变化。

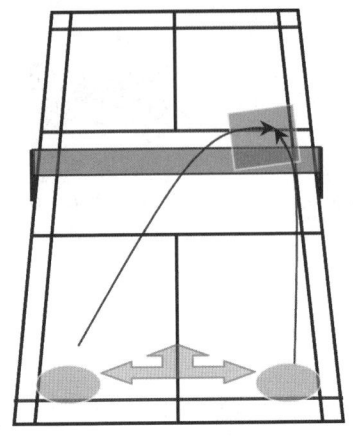 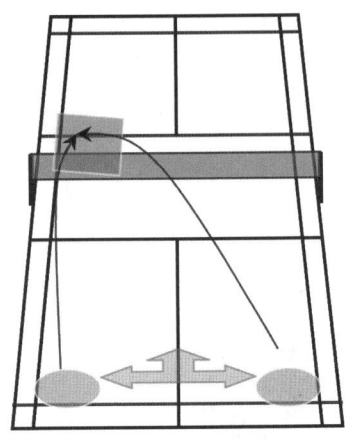

图2-55　正手吊斜线与头顶吊直线组合　　　图2-56　正手吊直线与头顶吊斜线组合

当技术掌握比较熟练后，可以采用"一点吊两点"（右手持拍为例）的练习方法（图2-57、图2-58），体会劈吊直线和对角线击球时挥拍方向的变化特点（图2-59～图2-62）。这两种练习方式对于陪练一方的技术水平要求较高，练习时可根据练习双方的水平进行适当的难度调整。

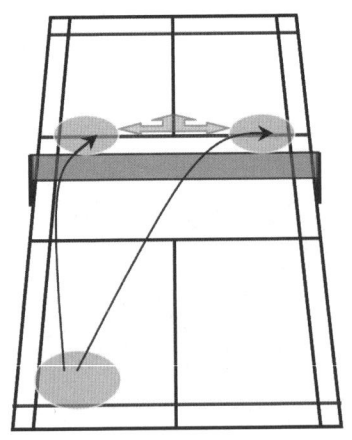 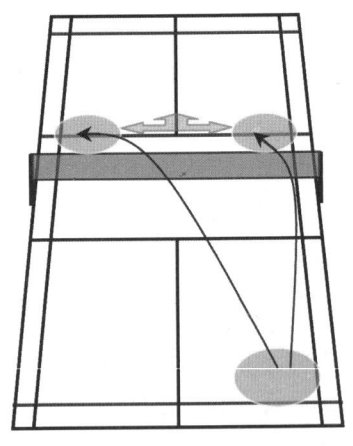

图2-57　头顶吊直线与斜线组合　　　图2-58　正手吊斜线与直线组合

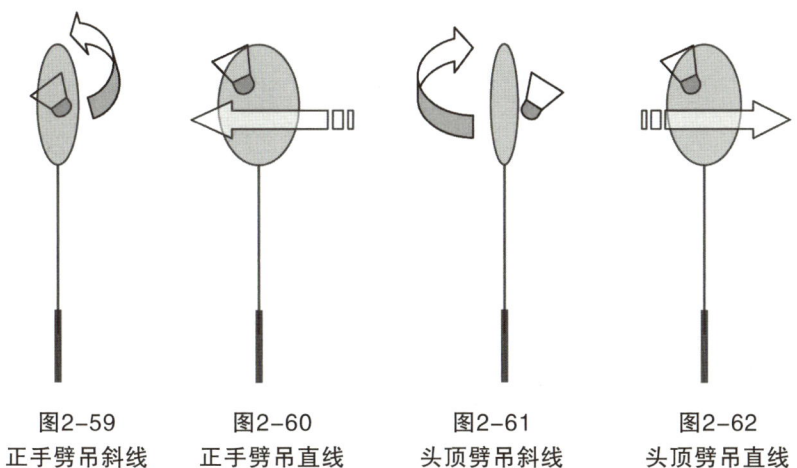

图2-59　　　图2-60　　　图2-61　　　图2-62
正手劈吊斜线　正手劈吊直线　头顶劈吊斜线　头顶劈吊直线

三、杀球

杀球通常也被称为扣杀，就是把对方回击的高球以较快的速度和全力下压的方式击回。由于扣杀使球飞行的速度更快、力量更大、弧线直、落地时间短，可以给对方造成最直接的威胁。杀球在比赛中往往可以直接得分，或者使对方处于被动防守地位。尤其在双打过程中，运动员更会频频使用杀球技术来压制对手。可以说杀球技术是羽毛球进攻中最直接的攻击利器。

按击球点在身体的位置来划分，可将杀球技术分为正手杀球技术和反手杀球技术；按动作时间、动作速度、动作力量和动作节奏来划分，可将杀球技术分为大力杀球、轻杀球、劈杀球、点杀球等；按击球后球飞行的路线来划分，杀球技术可分为杀直线球、杀斜线球、杀中路球和杀追身球等。

1. 原地侧身杀球

原地侧身杀球是杀球的入门技术，其动作结构是建立在熟练掌握高远球技术基础之上的。不同之处在于高远球是将球向前上方击打，杀球则是向前下方击打。引拍时，身体重心由左脚后移至右脚，右肘向上顶，右臂贴近球拍，随着抬肘动作自然向身后引伸。抬起后上臂靠近右耳，肘尖指向击球点方向，双眼注视来球。击球时，向前、向下压腕，击球点在右肩前上方。击球瞬间快速压腕。随着转体右脚蹬地，重心由右脚过渡到左脚上。击球后动作自然放松，球拍挥向身体左下方，并迅速回动，准备击下一拍球（图2-63）。

图2-63　原地侧身大力杀球连贯动作

（扫码看视频）

2. 头顶杀球

头顶杀球是业余运动员在反手后场区进攻的主要手段,它弥补了反手击球力量不足的弱点。头顶杀球的准备姿势和击球动作与头顶击高球技术基本相同。不同的是,在击球时要充分利用腰腹力量,以上臂和前臂带动手腕快速下扣(图2-64)。头顶杀直线球时,挥拍的方向是朝着身体的对侧,杀斜线球时,球拍经过头顶向持拍手同侧挥动。头顶杀球是一种重要的进攻性技术,掌握好头顶扣杀技术,就能有效避免被动回高远球或是吊球了。

图2-64 头顶杀球

(扫码看视频)

3. 起跳杀球

起跳腾空杀球技术和原地杀球技术的区别在于：前者在动作结构上多了一个起跳腾空的动作，可以在高点击球，从而获得更大面积的落点。从整体动作来看，运动员在完成起跳腾空杀球技术时有一个明显的起跳、腾空、落地的身体姿态，因此如何准确把握空中击球时机是完成这一技术的关键。在脚步到位后，屈膝降低重心，准备起跳；当侧身起跳时，向右上方提肩带动上臂、前臂和球拍上举，以便向上带动身体；在起跳后，身体后仰挺胸成反弓形（图2-65）；接着右上臂向右后上方摆起，前臂自然后摆，手腕后伸，前臂带动球拍由上向后下挥拍；随后，腾空转体，收腹带动右上臂向右上方摆起，肘部领先，前臂全速向上挥动，带动球拍快速向前挥动。要充分利用蹬地、转体、收腹以及手臂和手腕的爆发力全力将球向下击出，击球的一刹那要紧握球拍。

图2-65　起跳杀球

（扫码看视频）

4. 突击杀球

侧身，右腿后退一步准备起跳。在起跳后，身体向右后方腾起，并向右后仰成反弓形（图2-66）。击球时，前臂全速向上摆动，手腕由后经前臂内旋屈收，同时紧握球拍，压腕高速向下击球，通常以点杀为主。在突击杀球后，右脚在右侧着地并屈膝缓冲，重心在右脚；右脚着地后，利用左脚蹬地向中心位置回动。在运用突击杀球技术时，要控制好落地后的身体平衡，并立即回到中心位置。腾空突击杀球技术的特点是起动快、动作突然，常在对方尚未站稳之际，突然袭击，使对方防不胜防。

图2-66　突击杀球

（扫码看视频）

5. 反手杀球

反手杀球技术是由运动员背对出球方向完成的杀球动作。由于日常肢体活动中很少能够找到与之相似的动作，因此很难有类似的动作迁移效应。这也决定了反手杀球无论在击球动作还是在球速方面都稍逊于正手杀球。反手杀球的准备姿势和击球动作与反手击高球基本相同，不同的是最后用力的方向向下，而且要加快手臂和手腕朝下的闪动。在击球瞬间，球拍与杀球方向的夹角要小于90°。由于是背对来球，因此击球点应尽可能在身后，这样便于手腕下压（图2-67），反手杀球多以点杀为主，这种杀球动作幅度小，出手隐蔽，在实战中往往可以使对方措手不及。所以在后场使用反手击高远球和吊球的同时，偶尔使用反手点杀球也会收到出奇制胜的效果。

图2-67　反手杀球

四、放小球与搓球

网前放小球技术与搓球技术既有联系又有不同，可以说搓球技术是放小球技术的升级版。

放小球技术通常是用在来球离球网上沿较远时，采用比较稳妥的托击方式回击，努力使球贴网而过，防守性质比较明显。

搓球技术通常用在来球离球网上沿较近时，采用搓击球托底部的方式回球，使球在过网时产生翻滚（图2-68），造成对手高点回击球托困难，有一定的进攻性。

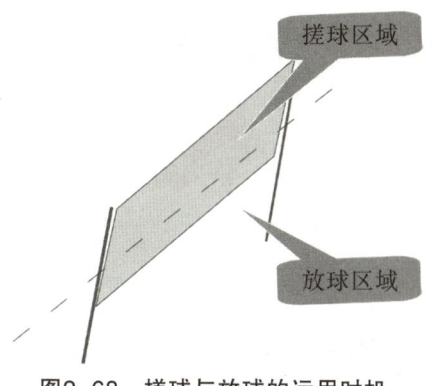

图2-68 搓球与放球的运用时机

这两项技术也是前场技术动作一致性的基础（图2-69、图2-70），在网前击球瞬间变化击球动作而产生勾对角、推球、挑球等技术，这能有效干扰对手的预判，破坏对手的节奏，从而掌握前场对抗的主动权。

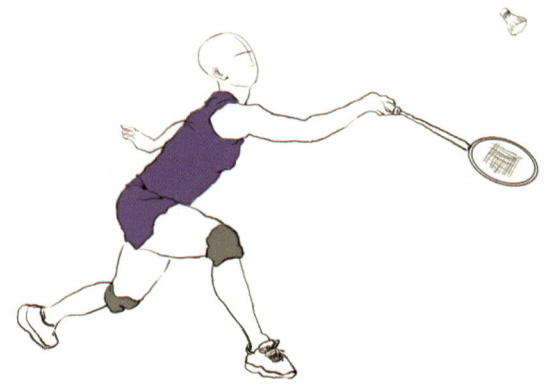

图2-69　正手网前动作一致性

图2-70　反手网前动作一致性

1. 正手放网前球

持拍同侧脚在前，膝微屈，前脚掌着地，持拍于体前。引拍动作，脚下朝来球方向跨出一步，前臂向前上方抬举，拍子前伸，稍上仰，斜对网。击球时争取高点击球，握拍放松，稍收腕，向球托侧斜面提击。击球过程中非持拍手要向后自然平举（图2-71）。

图2-71　正手搓球与放球连贯动作

2. 反手放网前球

反手持拍于左体侧，其他准备动作与正手放网前球动作相同。引拍动作，反手握拍，手腕稍展，屈腕。击球时争取高点击球，手腕稍收，向球托底部提击，非持拍手向后伸举（图2-72）。

（扫码看视频）

图2-72　反手搓球与放球连贯动作

3. 正手搓网前球

争取高点击球，前臂稍外旋，手腕稍内收闪动，握拍手的食指和拇指夹住拍柄，中指、无名指、小指松握拍柄，利用手腕和手

（扫码看视频）

指的捻搓力量搓切来球的底部，使球翻滚过网。

4. 反手搓网前球

引拍时，前臂稍往上抬；同时，手腕前屈，手腕水平位置高于肘关节，拍面略低于手腕的状态。击球时，手腕先收后展，反拍面搓击球的底部，使球翻滚过网。

（扫码看视频）

5. 收搓与展搓

根据手腕收展动作可将网前搓球技术细分为收搓和展搓。收搓是指手腕作内收动作，即球拍的搓击方向是由远离球网向贴近球网方向捻动（图2-73、图2-75），球一般呈下旋的翻滚状态过网。这种搓击方式与身体移动方向一致，比较容易掌握，但是容易造成球拍触网违例。展搓是指手腕作外展动作，即球拍的搓击方向是由贴近球网到远离球网方向捻动，球一般呈上旋翻滚状态过网（图2-74、图2-76）。展搓的击球方式相对较难，需要精准控制球拍的搓击位置和搓击方向，但是由于球拍移动方向是远离球网，因而不易造成触网违例。

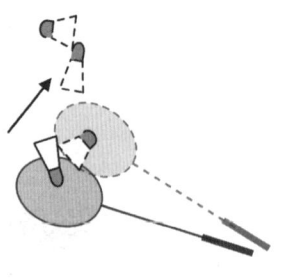

图2-73　反手收搓

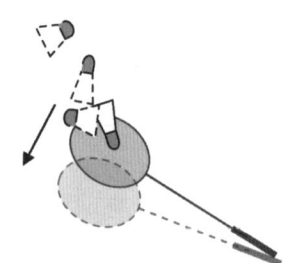

图2-74　反手展搓

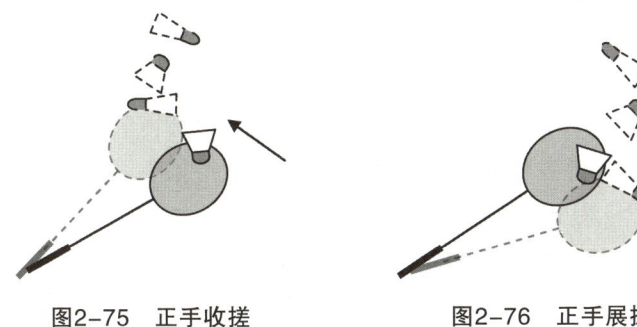

图2-75 正手收搓　　　　图2-76 正手展搓

五、挑球

挑球技术因其球速慢、飞行距离大、弧度大，球在对方场区底线附近垂直下落，增加了对手扣杀难度等特性，被认为是一项比较纯粹的防守性技术。当自己网前失去高点击球的机会或处于被动接杀球状态时，都可通过挑高球来争取回动时间和减缓比赛节奏。其实将挑球与其他技术组合起来同样可以达到进攻的战术效果。尤其对初学者和业余爱好者而言，挑球技术与高远球技术一样，都可以把对手压制在后场底线附近，同时也是消耗对手体力、伺机扭转不利局势的一种战术手段。

此外，挑球技术在学习羽毛球技术过程中还有着特殊的作用。在最初学习握拍阶段，练习正反手交替挑后场球，可以帮助初学者迅速体会合理握拍的重要性；在学习后场吊网前球阶段，吊球技术的练习效率很大程度上取决于挑球的质量，二者相辅相成。因此，千万不要轻视挑球技术。

1. 正手挑球

正手挑球动作与正手发高远球类似，只不过两脚站位不同。发高远球是持拍手异侧脚在前，这样便于利用转体的力量。而挑球则是为了获得身体伸展的最大距离，采用持拍手同侧脚在前的姿势。准备击球时，前臂充分外旋，手腕尽量后伸。以右手持拍为例，击球时，从右后下方至左上方挥拍击球（图2-77）。在此基础上，若球拍向右前上方挥动，挑出的是直线高球；若球拍向左前上方挥动，挑出的则是对角线高球。

图2-77　正手挑球

2. 反手挑球

反手挑球同正手挑球相比，更容易发力且动作更加隐蔽，准备动作同反手放网前球动作。击球前右手臂往左后拉，抬肘引拍。击球时前臂充分内旋，手腕由屈至后伸闪动挥拍击球（图

2-78）。若球拍由左下向前上方挥动，则球向直线方向飞行；若球拍向左前方挥动，则球向对角线方向飞行。

图2-78 反手挑球

六、推球

比赛中，由于推球后球飞行速度较快，弧度较平，运用得当，往往能迫使对手不得不从后场被动低手位回球，从而为自己下一步创造更为有利的得分机会。此外，网前推击动作往往会伴随着较明显的停顿，这对打乱对方节奏、延迟对手的判断有明显的战术效果。推球是一项需要准确把握运用时机的技术，运用不当极易遭到对方的拦截和突击。

1. 正手推球

右脚在前，膝微屈，脚前掌着地，右手握拍于体前。引拍时，向来球方向前跨一步，提高身体重心，前臂要往前上方举，拍子前伸，稍上仰，斜对球网，迎着来球。击球时，争取高点击球,前臂内旋,手腕由后伸直闪腕,食指向前压;同时,小指、无名指突然握紧拍柄,拍子急速由右侧经前上至左侧挥动,推击球托的右斜侧面(图2-79)。击球后稍有制动,击球后即可收拍于体前成准备姿势。击球的关键动作是手腕的"前拨",拍面由平行状态变为垂直状态。拍面"由平变竖"的过程也恰恰是球拍整个加速击球的过程,击球时手腕动作轻巧隐蔽。

图2-79　正手推球

(扫码看视频)

2. 反手推球

侧身面对,反手握拍于身体左侧,右脚在前,屈膝,前脚掌着地。引拍时,右脚向来球方向跨出一步,提高身体重心,采用反手握拍方式,前臂向前上方伸,斜对球网。击球时,前臂前伸,稍外旋,手腕由外展到伸直并闪腕,中指、无名指和小指突然握紧拍柄,拇指顶压,往前挥拍,推击球托的左侧面(图2-80)。击球动作的关键是拇指"顶压"和其余四指"紧握"的同步完成,拍面由平伸变为向上翘起。而击球的动力就来源于这一拍面的变化。

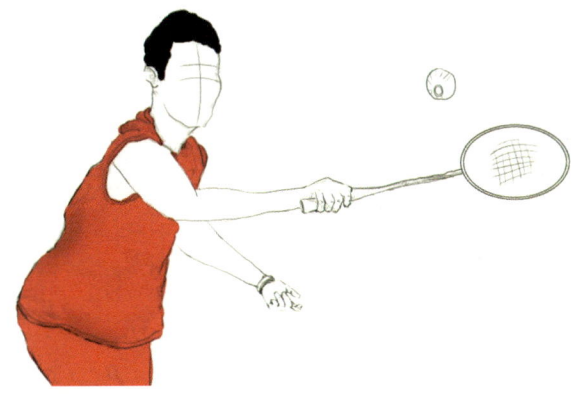

图2-80　反手推球

（扫码看视频）

3. 线路控制

击球线路由击球的"早晚"来决定。击球点靠前，则推出斜线球（图2-81）；击球点靠后则推出直线球（图2-82）。推击斜线球需要击球者对球飞行弧线的控制更加精准，过低则容易被对方拦击。若推击弧线过高，则接近于挑球技术，也就失去了推球的进攻性（图2-83、图2-84）。

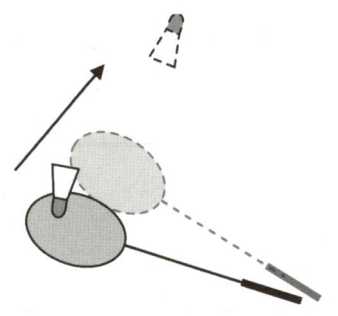

图2-81　推斜线要"早"

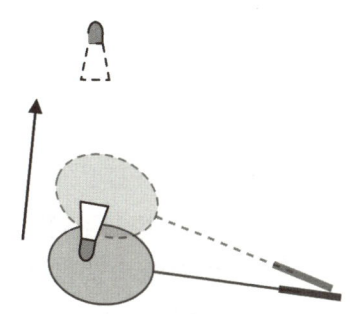

图2-82　推直线要"晚"

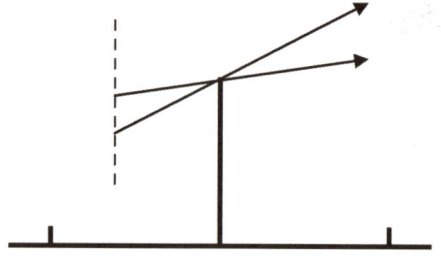

图2-83 相同距离不同高度击球的弧线

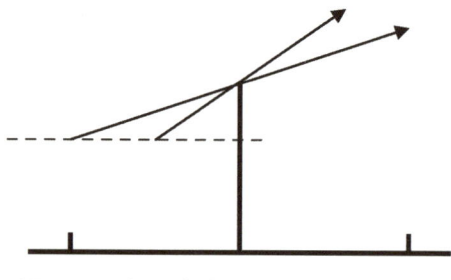

图2-84 相同高度不同距离击球的弧线

七、网前勾对角球

网前勾对角线技术是羽毛球网前技术中要求手法比较细腻的技术之一，网前勾出的球紧贴球网横向飞行，在飞行弧线最高点越过球网，横跨场区，最后落在对方紧贴球网的场区附近（图2-85）。该技术最大的特点是身体移动的方向与出球方向不一致，具有一定的迷惑性。

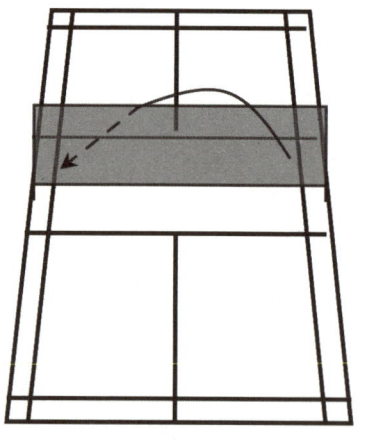

图2-85 勾对角球飞行轨迹

根据击球者在击球时所处的高低位置不同，一般分为网前高手位勾对角球和低手位勾对角球两种击球方式（图2-86）。高手位主动击球时突然使来球改变飞行路线，从而迫使对方改变原来的直线移动方式，球路的突然变化往往能够出其不意，给对方移动和还击增加了难度。低手位被动勾对角线时，往往能够达到"峰回路转"的效果，球的飞行轨迹避开对方网前的直线封网，避其锋芒，置之死地而后生。在比赛中灵活运用勾对角线技术，可有效对付场上直线移动速度较快但身体转动不够灵活的大个子对手。

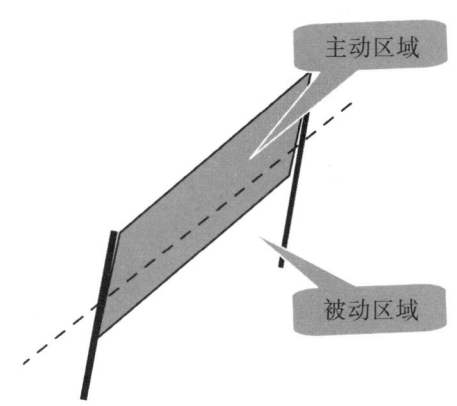

图2-86　两种击球时机

1. 正手勾对角球

左脚在前，膝微屈，脚前掌着地，左手握拍于体前。引拍时，向来球方向前跨一步，提高身体重心，前臂要向网前上方举，拍子前伸，稍上仰，斜对球网，迎着来球。击球时，争取高点击球，击球瞬间前臂内旋往身体左侧拉收，手腕由稍后伸变内收并闪腕，挥拍拨击球托的右侧下部，使球沿对角线方向飞行（图2-87），击球后，球拍回收成准备姿势。击球的关键动作是手腕的"拨"，拍面由平行状态变为垂直状态。拍面"由平变竖"的过程也恰恰是球拍整个加速击球的过程，击球时手腕动作轻巧隐蔽。

图2-87　正手勾对角球

（扫码看视频）

2. 反手勾对角球

反手握拍于身体左侧，右脚在前，屈膝，脚前掌着地。引拍时，右脚向来球方向跨出一步，提高身体重心，采用反手握拍方式，前臂向前上方伸，斜对球网。击球时，肘部突然下沉；同时，前臂稍外旋，手腕由稍屈变上伸闪腕，拇指内侧和中指把拍柄往右侧一拉，其他手指紧握拍柄，勾击球托的左侧面，使球沿着对角线方向飞行（图2-88）。整个击球动作的关键是肘"下沉"和手腕"背屈"的同步完成，拍面由平伸变为向上翘起。而击球的动力就来源于这一拍面的变化。

图2-88 反手勾对球

（扫码看视频）

八、网前扑球

网前扑球是一项对于击球时机把握要求很高的技术，击球者要有很强的预判能力。同时对于击球者网前回球的质量要求也很高，只有回出贴网而落甚至是滚网球时，对方回网前球的可能性才会高，此时，只要盯住对方的击球动作，球起人到，在球网上空完成致命一击。

1. 正手扑球

准备动作与正手放网前球基本相同，引拍时，身体向右侧前倾，手臂向右前方伸，稍屈肘，斜上举拍，正拍面朝前。击球时，前臂伸臂内旋，腕保持伸展，屈指发力向下方挥拍击球；同时，前脚落地制

（扫码看视频）

动，控制身体向前的惯性，击球后上臂制动，收肘，以免触网（图2-89）。

图2-89 正手扑球

2. 反手扑球

准备时，身体朝向左侧网前，反手持拍于左侧。当身体向左前蹬跳跃起时，持拍手随着前臂前伸而向前上方举拍，肘稍屈，手腕外展，采用反手握拍法，拍面正对来球。击球时，身体向左前腾跃，手腕由外展至内收"闪动"向前下加速挥击扑压击球（图2-90）。击球后，前脚落地制动，手臂回收，以免触网。

（扫码看视频）

图2-90 反手扑球

3. 扑球腾跃步法

身体腾空，动作迅速突然，能充分利用腿、脚的蹬跳力量。脚步移动到位后，利用单脚蹬地，身体前倾，迅速跳向前，抢高点回击（图2-91）。上体前倾，重心放在持拍手同侧腿上，异侧腿保持身体平衡。击球后，持拍手同侧脚着地并制动，异侧脚也跟着着地，维持身体平衡。整个脚后跟实质上是一条腿完成的，另一条腿起到平衡身体的作用，其腾跳方向是向前的（图2-92）。网前扑球技术的步法移动与其他技术步法移动略有不同，它是不需要回动还原中场的。因为扑球技术要求是一击致命，基本上不会给对手留下还击的机会，因此也无须准备下一拍球的防守。

图2-91　扑球空中姿态

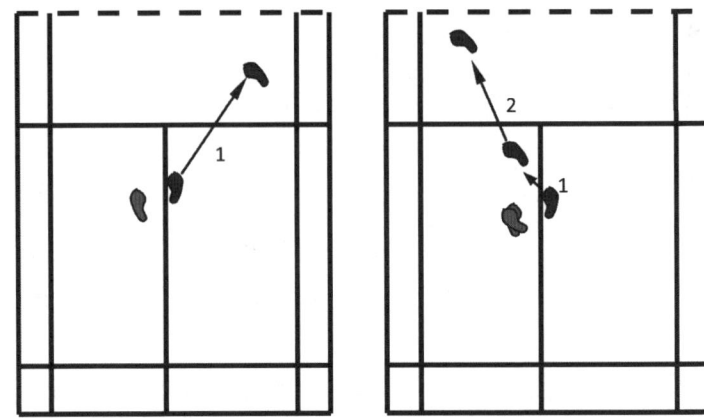

图2-92 扑球腾跃步法

4. 扑抹技术

当对方回出一个质量很高的球甚至是滚网球时，我们该怎么办？熟话说"开弓没有回头箭"，一旦预判对方回网前小球，身体重心立刻前移，对方击球后，在球向上飞行时，我方已经采取行动，身体向来球方向腾跃，球拍略低于球网上沿，手腕击球像"雨刷器"的动作，拍面由下至上将对方刚刚高出球网的来球横扫回去（图2-93、图2-94）。这个技术同样是扑球技术的一种，但是要求击球者手法的控制更细致一些。

（扫码看视频）

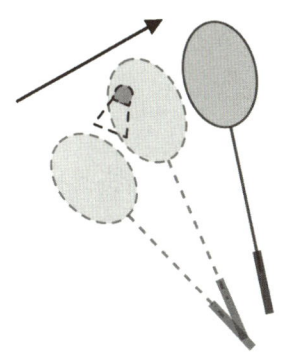
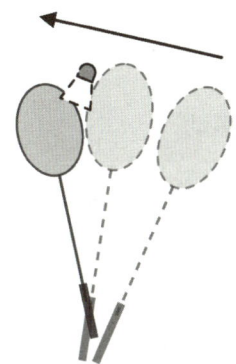

图2-93　反手扑抹　　　　图2-94　正手扑抹

九、反手高远球

如果说能否打好正手高远球技术是划分"初学者水平"与"业余水平"的标志，那么反手高远球技术则是"业余水平"与"专业水平"的分水岭。反手回击高远球技术通常是在双方快节奏相持的情

（扫码看视频）

况下，来不及用头顶击球技术或者体能较差时使用，也在对方攻击自己的反手区域较深、球路较平时使用。我国国家羽毛球队总教练李永波曾指出：尽管我国的羽毛球技术在专业训练领域里一直坚持使用头顶击球技术，并不提倡使用反手回击后场球技术，但就业余爱好者而言，在反手后场区域使用反手技术是比较适宜的。它可以减少步法移动的强度，并缓解因头顶击球而造成的腰椎侧屈的负荷。

下面对反手击高远球的各个技术环节进行重点介绍。

1. 移动

当对方回球飞向后场底线反手区域时，迅速将身体转向反手一侧，采用蹬转步加并步或垫步，移动到适合的击球位置，身体背对球网。

2. 引拍

用反手握拍，最后一步持拍手同侧脚跨向反手区域，像"抽刀"的动作提肘引拍。

3. 迎球挥拍

迎球挥拍时，转肩以上臂带动前臂，以抬起的肘关节作为支点。

4. 球拍触球

球拍触球前最后一刹那，拇指顶住拍柄，其余四指紧握，手腕类似拧门把手的动作加速挥拍，将球尽量回到对方底线附近。击球点选择在肩上方为好，整个动作同正手击高远球技术动作类似，都需要整个上肢的鞭打动作，只是方向相反而已。

5. 随挥

击球后随势挥拍，沿原来的转身路线返回到原位，准备下一拍击球。

反手击高远球连贯技术动作见图2-95。

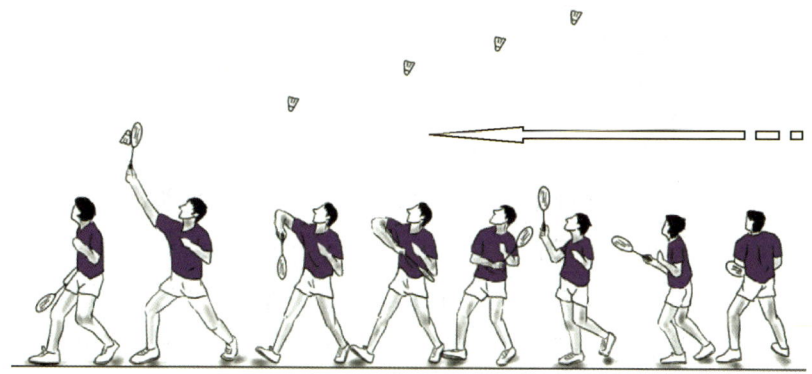

图2-95 反手击高远球连贯动作

十、反手吊球

后场反手回球对于许多羽毛球初学者来说,一直是令人感到头疼的。在比赛中反手回球质量差,始终是一块软肋,一旦被对手盯上就难以摆脱被控制的命运。一般情况下底线反手回球与正手回球一样,也有高远球、吊球、杀球等技术,由于受到人体生理结构的限制,反手回球在力量大小、落点选择、击球时机把握等方面都要稍逊于正手回球。尽管如此,掌握好后场反手回球对于广大业余爱好者是非常必要的,因为使用反手击球可以有效减少跑动距离以及缓解头顶击球时躯干侧屈的负担,减少运动损伤。虽然反手击球的动作都是建立在反手击高远球基础之上的,但是当你用反手还不能将球回到对方底线时,如果能够从容运用反手吊球技术,就可以从被动形势过渡到相持甚至转危为安。下面就介绍一些反手吊球的相关知识,希望能够为爱好者的练习提供一些参考。

1. 反手轻吊技术

反手轻吊球可以说是反手吊球的入门技术,在掌握反手击高远球技术动作后就可以练习它了。由于这一技术是通过控制球拍击打来球的速度从而达到吊球的目的,因此相对于高远球技术,更有利于练习者体会击球动作和把握击球时机。技术动作与反手击高远球一样,转身移动追球,到位后"抽刀式"引拍,肘关节上抬,迎球挥拍时,转肩以上臂带动前臂,以抬起的肘关节作为支点。球拍触球一刹那,控制拍速正拍面轻击来球。让羽毛球在较高的击球点以一定的初速度开始做抛物运动,最终让球掉落到对方网前。击球时,球拍速度大小决定了球过网后飞行的距离,而击球时,拍面的朝向决定了回球是直线还是对角线。它的优势是易于掌握,回球离网近,最大限度调动对手;它的弊端是球飞行速度慢,弧线大,容易被对手提前预判捕捉。

2. 反手劈吊技术

反手劈吊技术相对于轻吊技术就有一定难度了。由于是背对来球,还要以切击的方式回球,因此对于练习者的空间感和拍速的把握都要求较高。当然,一切技术都可以熟能生巧,只要勤加练习就可以掌握这一技术。

(扫码看视频)

(1) 劈吊直线

吊直线时，回球线路是直线，球拍的切击角度要大一些，球拍挥动的方向几乎与底线平行。击球点在持拍手一侧的肩部上方，击球时，前臂急速外旋以斜拍面快速切击球托的侧面（图2-96）。整个球拍的运动轨迹像汽车雨刷器的动作轨迹，抢高点横扫来球。虽然拍速很快，但切击方式传递给球的能量却很少，使球飞行距离变短。此外，切击的方式可以加速球自身的旋转，而这种旋转在气流的作用下会使球产生"过网急坠"的效果，非常有杀伤力。

(2) 劈吊对角线

劈吊对角线球与直线球的不同之处在于击球时的位置和切击时球拍面与球的夹角，吊对角线时由于回球线路是斜线，挥拍方向是朝向球网方向（图2-97），挥拍的轨迹与出球方向的切击角度要小一些，这样打出的球线路才会更偏斜。

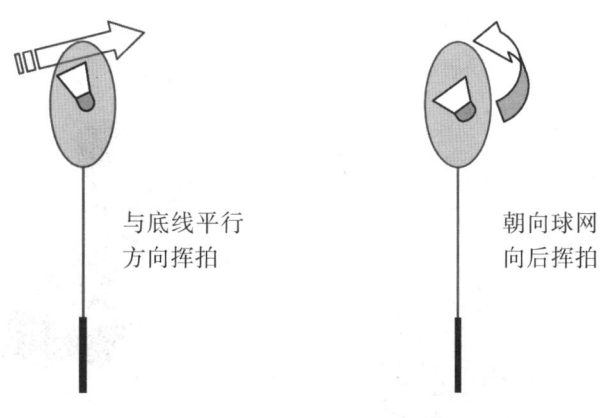

图2-96　反手劈吊直线　　　图2-97　反手劈吊对角线

十一、平抽快挡

中前场的平抽快挡对抗往往是双打比赛双方争夺前半场优势的重点技术，对抗双方距离短、球速快，短兵相接、电光火石之间已完成数个回合的对抗，抽来挡去、寸土不让，令旁观者眼花缭乱，叹为观止。

平抽快挡技术是将位于身体左右两侧或追身、高度在肩部以下的来球平抽过去。该技术有正手平抽挡和反手平抽挡两种。平抽球时要以腰髋为发力点，转髋发力，前臂和手腕要放松，这样在抽击来球时才能发挥手臂和手腕的爆发力。抽击球时拍面要稍前压，使球过网后向下飞行，迫使对方只能向上回击来球，从而使自己掌握主动权。

1. 正手平抽挡

准备时，右脚稍向右侧迈出一小步；同时，上体稍向右侧倾，右臂向右侧上摆，球拍随着上举，肘关节角度保持到能接触到球的距离，左脚跟提起。肘关节开始前摆发力，前臂稍后摆带外旋，手腕先外展再后伸。击球时，前臂急速向右前侧挥动，球拍由后伸直并闪腕，握紧拍柄，挥拍抽击球托。击球后顺势挥拍于体前（图2-98）。

（扫码看视频）

图2-98 正手平抽挡基本姿势

2. 反手平抽挡

准备时，右脚向左前跨出一小步，身体左转，右臂往左侧肩膀方向引拍，肘部上抬，前臂内旋，手腕外展。击球时，手腕由外展伸直至内收闪腕，手指突然握紧拍柄，拇指前顶，迎球挥拍，击球托底部。球拍的挥动路线是向下、向上、向前，击球后，球拍顺势盖过去，使球向前平直飞行。击球后，球拍随身体的回动而收回至体前（图2-99）。

（扫码看视频）

图2-99　反手平抽挡连贯动作

3. 非常规抽挡

中前场平抽快挡时由于双方距离近、球速快，当对手突然变化击球路线时，往往不能迅速转换正反手。此时，就会出现一些非常规但非常有效的技术，下面简单介绍一下。

（1）正手握拍绕头抽挡反手位来球

当我方一直采用正手平抽挡技术压迫对手时，如果对手突然将球平抽回至我方反手位方向，此时转换握拍再转体引拍一定来不及击球。通常的专业运动员会一直保持正手持拍的姿势，将重心降低移至来球方向一

（扫码看视频）

侧，上半身向来球方向侧倾，采用将球拍绕过脑后正手击球的方式回击。

（2）反手握拍抽挡正手位来球

当我方一直采用反手平抽挡反手一侧来球或追身球时，对方突然变换球路到我方正手。此时，变换正手已经来不及了，我方顺势采用反手握拍的方式，肘关节下沉，手腕向后外展将球拍移向身体右侧，利用手腕的

（扫码看视频）

外展向前加速动作，配合拇指的顶压和其余四指抓握拍柄的动作将球平抽挡回去。

十二、被动抽球

被动击球技术是在击球位置、击球时机以及发力等方面处于不利或被动情况下所采取的一种技术，其目的就是起到过渡或是扭转被动局势的战术作用。在业余爱好者中最为常见的被动局面就是被对手采用平推球技术压迫后场，由于来球飞行轨迹平直，一旦越过头顶飞向后场，即使通过移动追上来球，球

的高度也通常会低于肩部，只能采用低手位回球。此时最好采用抽球技术扭转被动局面。被动抽球技术虽然击球点比较低，但是仍然能够将球回到对方后场，回球速度快，线路变化也比较突然，是双打比赛中经常采用的技术。

1. 正手后场被动抽球

击球前，移动至后场正手底线附近，最后一步持拍手同侧脚蹬跨，脚尖向外。正手握拍，肩关节后展，上臂后拉，肘关节保持适当角度，手腕外展后伸，尽量向后引拍。击球时，要充分利用腰和肩的力量，前臂内收，手腕由外展至内收爆发性闪动。当球飞行下落至膝关节以下高度时，挥拍抽击来球，使球呈平直的飞行轨迹越过球网。通过控制前臂和手腕击球时的角度和力量，还可以抽击出直线和斜线以及网前球。击球后随势挥拍，还原成准备姿势。

击球关键是保持身体的稳定性，利用手臂和手腕的抽击动作，与抽鞭子的动作相似。此外击球时机要把握在球下落到膝关节以下，这样更加有利于发力。

2. 正手被动抽球步法

在判断来球是后场球，已来不及用上手技术击球时，迅速将重心移至右脚，紧接着右脚用力蹬地，向右转体，右脚向来球方向跨出一步，右脚一着地左脚迅速经右脚外侧（体前、体后均可）移动一步，左脚垫上一步，然后右腿向来球方向再跨一大步（图2-100），右臂向右后侧引拍，脚着地的刹那间出手击球（图2-101）。击球后，身体重心移至左脚；同时，右脚前掌内侧蹬地返回球场中心位置。

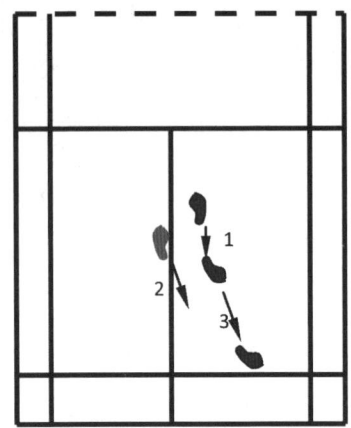

图2-100 正手被动抽球后退步法

图2-101 正手被动抽球动作

3. 反手后场被动抽球

当来球以比较平直的飞行弧线飞向反手后场区域时,要迅速转身,右脚先向左脚并一步,左脚再向左后方撤一步;同时,上体左转,右脚再向左后方跨一步至来球位置,背对球网(图

2-102）。此时，球的高度已经低于肩部，向左侧引拍，降低重心。击球时，身体迅速向出球方向转动，手臂带动手腕以反手击球的方式在较低位置抽击来球，将球尽量抽向对方后场（图2-103）。由于反手击球受击球角度以及力量的限制，更多的时候是通过控制拍面角度和力量将球抽击回对方的网前，通过线路和落点的变化达到过渡的作用。

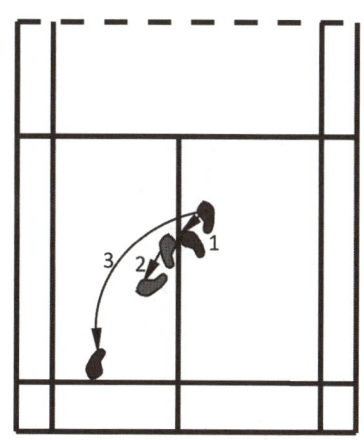

图2-102　反手被动抽球后退步法

图2-103　反手被动抽球动作

十三、接杀球

在羽毛球比赛中,接杀球看上去是在比较被动的情况下才出现的技术,其实在羽毛球的对抗中,时时刻刻都存在着控制与反控制、主动与被动、攻与守,而且这些关系是经常转换和变化的。比赛中,对接杀球技术运用得好就能化险为夷,甚至是反败为胜。

接杀球技术主要包括挡放网前球、勾挡对角球、挑后场球和抽球四种技术。它们的战术作用是稳固防守,避免失误;增大对手下一拍还击的难度,破坏对方进攻的连续性;利用抽球等防守反攻性技术伺机还击。值得强调的是无论采用哪项技术应对对方的杀球,都必须能够对对方下一拍击球的意图及时作出准确的预判,从而才能针对性地、灵活地运用上述技术,达到出其不意、攻其不备的战术目的。

1. 挡放网前球

挡放网前球主要是由于对方杀球比较刁钻而且靠近边线,我方移动后勉强碰到来球,此时应用挡放网前球,尽量贴网而过,尽量不给对方太好的扑杀球机会。在对手前后移动慢、杀球后前场空虚、杀上网意识差等情况下,利用挡放网前球,可以起到调动对手的作用(图2-104)。

(扫码看视频)

图2-104 挡放网前球

2. 勾挡对角球

勾挡对角球是一项比较难的技术,要求准确预判对方杀球上网的路线,无论是在正手位还是反手位,挡出球的路线沿对角飞行越过球网,避开对方的上网路线,这一招对于转身变向慢的选手非常有效。其技术动作是在挡放网的基础上加入手腕的屈伸,做出勾对角球的动作(图2-105)。

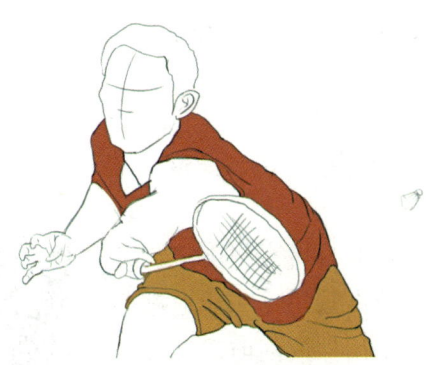

图2-105 接杀勾挡对角球

(扫码看视频)

3. 挑后场球

挑后场球技术主要针对那些后场杀球威力不大，却急于采用杀上网战术的选手。通过挑后场球可以将对手牢牢控制在底线附近，再伺机回网前球，起到调动对手、消耗对方体能的战术作用（图2-106）。

（扫码看视频）

图2-106　接杀挑后场球

4. 接杀抽球

挑后场球技术多用在双打比赛中由守转攻的过渡上。双打比赛节奏较快，一味地挑球防守会比较被动，而采用挡放网前球又容易被对方抓到机会扑杀。因此，双打比赛中

（扫码看视频）

图2-104 挡放网前球

2. 勾挡对角球

勾挡对角球是一项比较难的技术,要求准确预判对方杀球上网的路线,无论是在正手位还是反手位,挡出球的路线沿对角飞行越过球网,避开对方的上网路线,这一招对于转身变向慢的选手非常有效。其技术动作是在挡放网的基础上加入手腕的屈伸,做出勾对角球的动作(图2-105)。

图2-105 接杀勾挡对角球

(扫码看视频)

3. 挑后场球

挑后场球技术主要针对那些后场杀球威力不大，却急于采用杀上网战术的选手。通过挑后场球可以将对手牢牢控制在底线附近，再伺机回网前球，起到调动对手、消耗对方体能的战术作用（图2-106）。

（扫码看视频）

图2-106　接杀挑后场球

4. 接杀抽球

挑后场球技术多用在双打比赛中由守转攻的过渡上。双打比赛节奏较快，一味地挑球防守会比较被动，而采用挡放网前球又容易被对方抓到机会扑杀。因此，双打比赛中

（扫码看视频）

采用平抽技术，可以有效地遏制对方的连续进攻，转而进入平抽快挡的对抗，是破解对方后杀前封战术比较有效的办法。

5. 非常规接杀球

在羽毛球高水平竞技中，我们偶尔会看到运动员应激性地采用胯下回球、鱼跃救球等一些不可思议的技术动作接杀球，而这些击球动作也更具有娱乐性和观赏性。当来球正对身体且落点在膝关节以下时，通常会采用反手抽挡技术回球。当采用胯下回球时，两腿开立，身体稍向持拍手一侧转体并向后引拍，拍头向下，采用正拍面由身后向前挥拍，注意击球点在两腿之间、膝关节以下（图2-107）。如果来球较高在腰部位置，可采用跳起分腿胯下击球的方式。

图2-107　胯下回球

在世界顶级男子单打比赛中鱼跃救球动作也被运动员们采用，运动员在做出鱼跃动作完成接杀挡网的动作后，双手支撑身体做好落地缓冲，然后要迅速起立准备下一拍来球，需要非常好的手感和较强的身体素质做支撑（图2-108）。

图2-108　鱼跃救球

第三章　基本战术

第一节　单打基本战术

一、发球战术

羽毛球可以说是球类家族中的"怪胎",同样是持拍隔网对抗项目,它与乒乓球和网球两个项目最大的区别就是球的外形根本不是个球体。因此,羽毛球运动中的发球没有乒乓球那样的旋转变化。同时,受到发球规则的限制,它也发不出网球那样的速度。总之,羽毛球发球很难直接得分,除非对方判断失误。这样,在比赛中往往当发球方完成发球后等待的就是对方的进攻。如何能让发出的球最大限度地降低对方的进攻威胁,为自己下一拍球进攻做好铺垫就成了羽毛球发球战术的终极目标。发球不仅是羽毛球比赛中每一回合对抗的开始,也是羽毛球技术方法中唯一可以不受对方击球制约而随意运用的一项技术。

通常根据发球后球飞行弧线和落点的不同,发球战术可分为发高远球、发网前球、发平射球和发平高球战术。

1. 发高远球战术

选择发高远球战术是为了迫使对方后退至底线击球,以减小对方杀球的威胁，同时也能够增加对方进攻的难度（图3-1）。女子选手在后场进攻的力量和速度上相对较弱，所以，发高远球战术在女子单打比赛中使用较多。男子单打运动员的后场进攻能力相对较强，如果仅是简单地将球发到后场，可能对方后场双脚起跳的重杀，若是再配合高点位的快速劈吊，往往令人难以防范。因此，在专业男子单打中，发网前球的相对比较多。但就业余爱好者而言，还是要坚信"对手距离你越远，威胁就越低"的硬道理，这也是一种后发制人的战术。

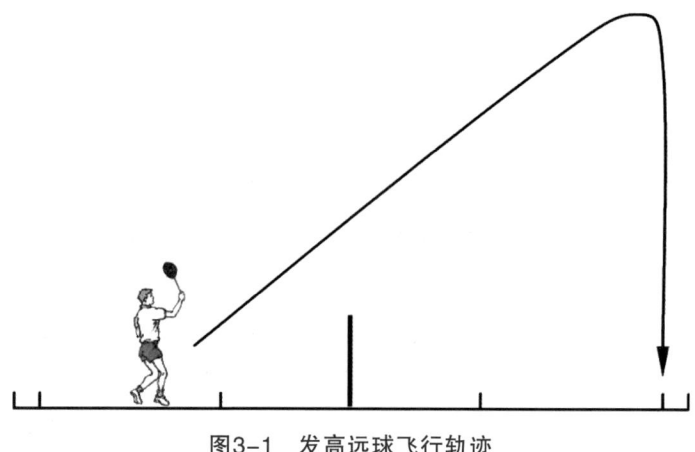

图3-1　发高远球飞行轨迹

2. 发网前球战术

这种发球战术对发球者的进攻能力要求较高，对对方推球的回接要有十足的扣杀或者拦截的把握。这也常用于对付后场进攻威胁大，但网前技术粗糙的对手。比赛中，女子选手通常采用正手发网前球与高远球配合使用，效果较好，这样可以有效地牵制对方的精力。男子选手由于爆发力较好，通常采用反手发网前球和发后场球配合使用，动作幅度小，具有很强的隐蔽性和突然性。此外，双打比赛的发球由于有后发球线的限制，发网前球技术运用较多，而且以反手发网前为主。在规则允许的情况下，尽可能提高击球点，让球以较平直的弧线过网下坠（图3-2），不给对手扑击或平推的机会。

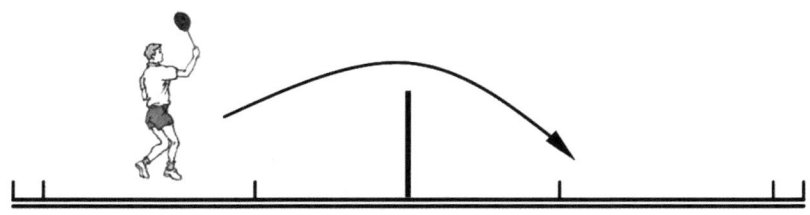

图3-2　发网前球飞行轨迹

3. 发平射球战术

这种发球战术不可多用，不过偶尔尝试一下会有意想不到的效果。由于发出的球要紧贴球网上沿以较平直的弧线飞向对手身体或头部位置（图3-3），下网的风险较高。通常是观察到对手准备接发球时，球拍位置较低，或者对方动作节奏慢、防追身球能力较差时使用。

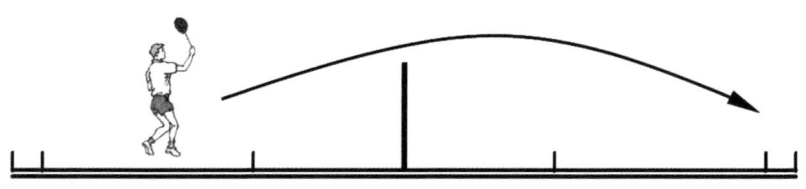

图3-3　发平射球飞行轨迹

4. 发平高球战术

这种发球战术往往是针对后退击球能力较差的对手使用。尤其是在对方接球时站位比较靠前时，可以出其不意发平高球技术，使球快速越过对方头顶飞至其身后底线附近（图3-4），迫使对手后退不及回出半场高球或被迫采用吊球技术，这些都有利于自己下一拍的进攻。

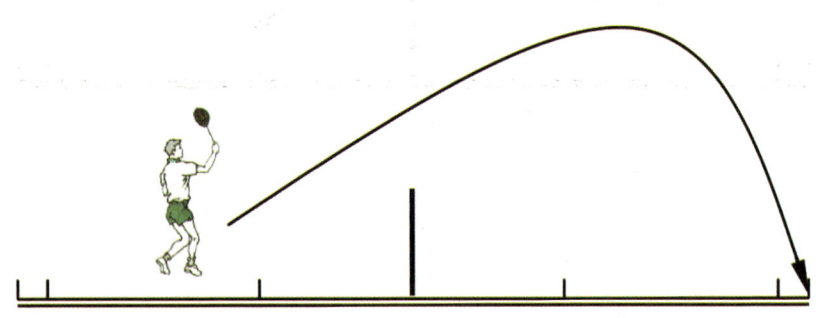

图3-4　发平高球飞行轨迹

二、接发球战术

接发球虽然处于被动、等待的状态，但由于发球者受到规则的限制，所以，发出的球不会对接发球者带来太大的威胁。发球时，发球者只能将球发到对角线的接发球区域内，而接发球者只需防守半个不到的区域，却可将球还击到对方整个场区。所以，接发球者若能处理好这一拍，一样能取得主动权。

1. 接发高远球、平高球

一般可用平高球、吊球或杀球还击。但如对方发球后站位适中，进攻时要注意落点的准确性。若用杀球、吊球还击，自己的速度要跟得上；如果对方发球质量很好就不要盲目重杀，可用高远球、平高球还击，伺机再攻，或者用点杀、劈杀、劈吊下压先抑制对方。

2. 接发网前球

可用平推球、放网前球或挑高球还击。当对方发球过网较高时，要抢先上网扑杀。接发网前球的击球点应尽量抢高点。

3. 接发平快球

要观察对方的发球意图，随时做好准备。借用对方的发球力量快杀空当或追身都能奏效，也可借助反弹力拦吊对角网前球。

三、压后场战术

用快速、准确的平高球打到对方后场两角，在对方不能拦截的前提下尽量降低球的飞行弧线，把对方紧压在底线，当对方回击半场高球时，就可以扣杀进攻了。

使用平高球压底线时，如配合劈吊和劈杀可增加平高球的战术效果。一般情况下，平高球的落点和杀、吊的落点拉得越开效果越好。

四、盯反手战术

就所有运动员而言，后场的反手击球总是或多或少地弱于正手击球，相对进攻性不强，球路也较简单（由于生理结构的限制），有的运动员还不能在后场用反手把球打到对方端线，所以，对于对方的反手要毫不留情地加以攻击。

调开对手位置，使对方反手区暴露出空当，采用压正手底线配合逼底线反手的组合方式。对于采用头顶击球弥补反手力量不足的对手，可采用重复逼底线反手配合网前小球的组合，等待对手回球质量较差时，一击致命。

五、四方球战术

此战术是把球准确地打到对方场区的四个角上，使对方每次击球都要在场上来回奔跑（图3-5）。

使用这种战术时，对不同特点的对手要采用不同的拉、吊方法。若对步子慢、体力差、灵活差、技术不全面的对手，可以多打前、后场，多拍拉、吊，也可使用重复球、假动作、回攻反手、打对角线来消耗其体力，抓住空当和弱点进行突击。

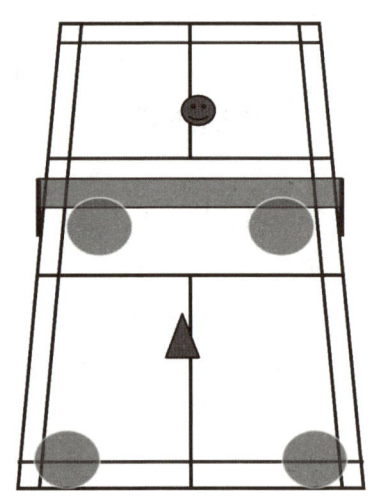

图3-5 重点攻击区域

六、杀、吊上网战术

接对手打来的后场高球，以杀球配合吊球把球下压，落点选在场区的两条边线附近，致使对手被动回球。

采用杀、吊组合时，若对方还击网前球，便迅速上网以贴网搓球，或勾对角球，或快速平推，创造中场大力扣杀的机会；若对方在网前挑高球，可在其向后退的过程中把球直接杀到其身上。这种战术必须控制好杀、吊球的落点，使对方被动回到网前，才能主动迅速上网。

七、过渡球战术

过渡球是为了摆脱被动，为下一拍的反攻积极创造条件。常用回击后场高远球来作为调整被动的手段。

无论是采用网前挑高远球或后场底线被动回高远球，回击高远球都能争取时间，调整重心位置。首先争取时间，调整好自己的位置并控制住身体重心。其次，利用球路变化打乱对方的进攻步骤。在接各种来球时把球回击到远离对方位置的地方，以破坏对方连续快速的进攻。在比赛中从被动变为主动，过渡球是不可缺少的重要环节。

八、防守反攻战术

这一战术对那种盲目进攻且体力差的对手比较有效。防守反攻的原则是"积极防守""守中反攻"，在自己被动情况下，合理地、有目的地采用技术夺回主动权。

比赛中，先以高球诱使对方进攻，在对方只顾进攻疏于防守时，即可突击进攻；或者在对方体力下降、速度减慢时再发动进攻。这种开始固守、乘虚而入、以逸待劳、后发制人的战术有时效果也较好。要求具备较好的回击后场高球、抽挡、接杀勾对角的能力，以及回球线路的多变性、攻击性。

第二节 单打战术制定

虽然已经掌握了规范的技术动作，但是这并不等同于在实战中就会达到理想的效果。只有在实战中将技术灵活、合理地运用才能得到最大限度的体现。同样的击球技术，只有你的击球落点、线路、速度和节奏处于变化之中，使对方感到变化莫测、防不胜防，这时才会发挥出更大的进攻威力。任何战术的目的都是为了更好地发挥自己的技术特长，制约对方特长，进而掌握比赛的主动权，简言之就是"以己之长攻彼之短"。一场双方实力水平接近的比赛，胜负在很大程度上取决于战术的正确选择与运用。因此，我们不仅要掌握好基本技术，更要仔细研究对手，因人而异制定战术，学会用头脑打球，体会球场上的用兵之道。

一、根据对手技术特点制定战术

1. 移动

（1）针对移动慢者的战术

由于对手起动慢、回动慢，因此，应尽量采用"平高球+劈吊+突击进攻"为主的战术，尽可能通过控制球的落点来调动对手跑动。对于"重复球战术"一定要慎重使用，或尽量不用。

（2）针对移动快者的战术

由于对手起动快、回动快，因此，采用"重复球"战术比拉开战术更有效。实战中，利用对手快速回动，保护空档的心理，重复落点，迫使对手刚起动就得制动，反复几次，对其体能和信心消耗都极大。

（3）针对上网快、后退差者的战术

这种对手一般来说控制网前小球的能力比较强，而底线球控制能力相对较弱，特别是上网后的被动后退击球更差，因此，建议采用先吸引对手上网，然后平推或挑过底线两角的战术比较有效。

（4）针对侧身转体差者的战术

针对这种对手应采用"对角球战术"，特别是采用劈杀对角球和勾对角球战术效果会比较好。这种战术对步法慢的对手也会非常有效。

（5）针对正手后退差者的战术

对于后退差的对手，建议多采用攻对方"正手后场区"为主的进攻战术。不要一味盯住对方后场反手区域进攻，可以适当采用将球打到对方正手区域，调动对手移动，进而压迫反手的惯用办法进行攻击。

（6）针对头顶侧身击球能力较差者的战术

反手区域是业余爱好者普遍存在的短板，在这一区域内，对方无论是采用侧身头顶后退击球还是采用反手回球，都不理想，这时我方应先下手为强，从接发球开始直接以平推或平高球压迫底线迫使对手被动回球。

（7）针对重心较高者的战术

重心较高者一般防守能力都较差，对付这种对手，建议多采用杀劈、快吊为主的战术。总之，迫使对方从低手位回球，让对方降低重心去接球，以便使其暴露弱点。

2. 击球

（1）针对手腕爆发力差，摆臂速率低者的战术

这种对手由于手腕爆发力差，摆臂速率低，其击球时间也会较长，如果迫使其没有时间完成动作，对方就很难将球回到我方底线。因此，我们可采用"发球抢攻"为主的战术，特别是发平射球后采用平推快挡技术，可充分使对手动作慢的弱点暴露出来。

（2）针对防守近身球差者的战术

针对这种对手可采用突然推追身球，进而平抽快挡占得先机。当我方获得致命一击的机会时，即刻采用杀追身球为主的战术定能战胜对手。

（3）针对网前技术不细腻者的战术

针对这种对手，建议采用以攻"前场区"为主的战术。当对方打网前球时，尽量多打"重复搓球和勾球"战术。大胆与对方对抗网前技术，当对方打后场球时，我方尽量多打劈吊球，以便

于尽快获得网前区域的控制权。

（4）针对后场进攻威胁不大者的战术

针对这种对手，建议采用"攻后场区"为主的进攻战术，如多采用平高球或高远球控制对方。如果我方被动时，尽量少打网前球，而要多打后场过渡球，以利于我方由守转攻。

（5）针对进攻手法尖锐、威胁较大但不稳定者的战术

对于这样的对手，首先要集中精力防守对方极具威胁的几拍进攻，在没有十足把握的情况下，不要随意进攻。一旦回球不到位，极易给对手制造一击致命的机会。因此，要稳中求胜，等待对方急躁失误，再伺机反攻。

（6）针对进攻手法不尖锐，但比较稳定者的战术

这种对手往往属于先守后攻的类型，一般防守能力都比较好。遇到这种对手，建议在进攻时，尽量避免失误，不要过于冒险，进攻中要"快中求稳，稳中求狠"，只要有足够的耐心以及充足的体能，加上合适的战术，定能获胜。

3. 打法

（1）针对能攻不善守者的战术

建议要集中力量攻其不善守的弱点，首先要付出很大的精力防住对方进攻的习惯球路，然后从战术上要抢攻在先，创造机会。因此，"发球抢攻"战术、"杀球+吊球+控网"战术都比较有效。

(2) 针对能守不善攻者的战术

针对这种对手时，要注意不要在没有控制好网前球的情况下贸然进攻，若必须进攻，就要攻得准，攻得狠，而且要进一步控制网前球。要牢牢把握"被动情况下不进攻，主动情况下不失误"的原则。

(3) 针对不善于分配体力者的战术

这种对手，一般都是进攻型选手，一开局就会发起快速抢攻，企图一鼓作气靠"三板斧"取胜。遇到这种对手，建议在开局时顶住对方猛烈的抢攻，多周旋几个回合，"欲擒故纵"多消耗其体能，拖垮对手。

(4) 针对球路单一者的战术

这种对手最大的弱点是不会根据场上对手的情况变化战术，组织球路，而总是按照自己习惯的技术和线路来打球。遇到这种对手，要尽快熟悉并了解其习惯球路，从而采取合适的战术反制对手。

二、根据对手生理和心理特点制定战术

由于羽毛球的球路是千变万化的，不可能一成不变，因此，比赛时，要根据每个选手的具体情况去制定切合实际的战术方案，这样才能知己知彼，百战不殆。了解和采用战术不能生搬硬套，要灵活运用，这样才能在战术上占据主动，从而控制比赛的主动权。我们除了根据对手的移动、技术和打法

特点制定和选择相应的战术外,还要根据对手的生理和心理特点制定战术。

1. 根据生理特点选择战术

(1)针对身材矮小、后场攻击力差者的战术

针对身材矮小、后场攻击力差的选手,可采用后场重复拉开战术,配合快速下压进攻,效果会比较好。身材矮小的人往往移动灵活,所以不可盲目认定其后场攻击力差。

(2)针对身材高大,转体与步法不灵活者的战术

这类选手由于身材高大、击球点高、落点可选择的范围大,所以在后场上有较强的攻击力。遇到这样的对手一定要集中注意力防守对方的杀球和快速劈吊球。实战中,要利用勾挡对角球或网前勾对角球调动对手转体接球,从而破坏对手杀球上网的战术意图。此外,由于对手身材高大,重心会比较高,所以,主动进攻时,要多利用杀劈两边的战术,迫使对手降低重心回接来球。

(3)针对速度特点不同者的战术

面对速度快的对手,要尽量周旋,加强多拍回合,把对手拖入持久战的节奏。对于慢节奏的对手,则要采用快速拉吊突击的战术,破坏对手的节奏,让对方慢不下来,牵着对方跑。

(4)针对灵活性差者的战术

对于灵活性差的选手应加强技术动作的一致性与突变性,适当时可以利用假动作虚晃对手,造成对方重心的移转,被迫对方二次起动。

（5）针对上肢柔韧性差者的战术

这样的选手由于躯干和肩关节的柔韧性差，导致头顶侧身击球和绕头击球动作幅度不够，回后场球往往不到位。因此，多采用攻击对方头顶反手区域，迫使其暴露出弱点，同时也要注意防守对方头顶区域被动情况下的吊对角线球。

外在的身体素质只是竞技能力的一部分影响因素，并不是绝对因素。因此，无论遇到什么样的对手，千万不可以貌取人、掉以轻心，要认真对待。通过开局的对抗，快速分析、归纳出对手的长板与短板，制定相应的战术。

2. 根据心理特点选择战术

（1）针对脾气暴躁的对手

针对脾气暴躁的对手我方应有意识地采用一些动作、球路、表情、态度去激怒对手，从中渔利，这是很巧妙的战术，如能应用得当，便可获得意想不到的效果。

（2）针对易泄气的对手

这种对手一般是毅力较差，只能打领先球，因此，我方一定要花最大的代价打好开局球。只要打好这一阶段的球，就可能使对手暴露易泄气的特点。当对方气势低沉时，我方就可抓住机会进一步扩大优势，不给对方有喘息的机会，一鼓作气打败对手。

（3）针对注意力转移能力较差的对手

这种对手由于注意力转移能力较差，易受到假动作的诱骗，因此，我方应采用声东击西的假动作，虚实结合。

（4）针对慢热型的对手

由于对手不能尽快调动自己进入最佳竞技状态，所以开局上来往往发挥不出真实水平。此时，我方应做好准备活动，一开局就尽量采用快速突击的战术，使我方在对手低潮期尽可能将比分拉开，占据领先优势。

（5）针对易紧张、胆怯的对手

遇到这样的对手首先要在心理上战胜对手，敢打敢拼，在气势上压制住对手。进攻时加大威胁性，造成对方紧张，动作失调，给自己创造得分机会。

（6）针对情绪易受影响的对手

这种对手的特点是情绪易受到对方的影响。如果你无精打采地打球，他也会无精打采；你在场上随意耍球，他也会跟着不认真；但是一旦你认真对待比赛，他也会跟着认真起来。遇到这样对手，就要充分利用他情绪易于跟随的特点，利用跟随的时间差，打对手一个措手不及。

（7）针对易骄傲自大的对手

遇到这样的对手，不要被对手的气势吓倒，碰到暂时落后也不要气馁，反而要增强信心。对方在领先时往往会松懈，利用这一点，将比分拉近，当接近终局时，突然发力，造成对手慌乱。

（8）针对搏杀型的对手

当比分接近终局时，爱冒险的对手往往会选择难度大、风险高、极易造成失误的技战术，比如发平射球抢攻、抢搓滚网球、杀边线球等。总之，结果不是得分就是失误。当然，这种贸然提高击球质量的做法只会是失误比得分多，遇到这种情况，要保持冷静，网前不要进行过多的纠缠，因为网前球会越打越贴网；尽量多回后场球，积极防守，尽量降低对手进攻的威胁性，守株待兔。

（9）针对只能打"顺风球"的对手

这种对手如果领先会发挥得非常出色，甚至会超水平发挥，但是，一旦落后就会崩盘。碰到这样的对手，在开局时争取获得领先，在气势上压制住对手。如果开局落后，要坚信只要在终局前将比分扳平甚至反超，对手必定崩盘，进而导致后面的比赛无法振作。

孙子兵法中最高境界的战术是"不战而屈人之兵"，其实赛场上只要能仔细观察，及时发现对方的心理活动，采用一定的对策，就能达到施加其心理压力，进而达到事半功倍的效果。当然，"打铁还要自身硬"，运用这种心理战，首先还是要控制好自己的心理和情绪，不被赛场环境、对手、临场裁判等外界因素所干扰才行。

第三节　双打基本战术

羽毛球双打比赛一直深受广大爱好者喜爱，一场精彩的双打比赛往往极具观赏性。运动员们你来我往，寸土必争，前场电光火石般的平抽快挡、令人目不暇接的攻防转换，牵动着每一位观众的心。同样，对于羽毛球运动的参与者们，双打比赛有着更加广泛的适应群体，运动量和强度相对小一点，还能最大限度地利用场地资源，更容易营造和谐的运动氛围。

　　羽毛球双打比赛是竞赛双方在技术、战术、体力上的较量，同时也是双方配合程度的较量，它与单打有着很大的不同。双打比单打每方增加了一名队员，而场地宽度仅增加92厘米，接发球区还比单打缩短了76厘米。因此，双打从发球开始就形成短兵相接的局面。由于进攻和防守都加强了，这就要求运动员技术更加全面，能攻善守，反应灵敏。特别是对发球、接发球、平抽、平挡、封网、扑球、连续扣杀、接杀挑高球、放网前球及防守反击等诸多技术的要求更高。它是竞赛双方在技术、战术、体力上的较量，同时也是双方配合程度的较量。打法上攻守衔接及站位轮转协调一致，是打好双打的关键。

一、双打战术基本原则

1. 有预判、有行动

　　经常会有人问到"单打和双打最大的区别在哪里？"其实，就技术而言，单打和双打没有太大区别，没有哪项技术是专门用于单打或双打的。只不过有些技术应用较多，有些应用较少罢了。但是在运用技术击球前的判断和行动上有着明显的差别，单打要求"有预判、无行动"，最多就是移动一下重心而已；而双打则要求"有预判、有行动"。因为在双打比赛中，你并不是一个人在战斗，即使你预判失误，行动错误，（例如，提前移动去抢封直线，对方却回了斜线）别担心，你的搭档会去补救。因此，双打比赛的"快"恰恰就体现在这个提前行动上，打好双打就要善于判断和总结对手的习惯球路，敢于提前移动，快人一步，守株待兔。

2. 前三拍定胜负

由于双打比单打每方增加了一名队员，而场地宽度仅增加92厘米，接发球区还比单打缩短了76厘米，双打从发球开始就形成短兵相接的局面。所以，发球、接发球和第三拍显得尤为重要。首先，发球环节要不给对方肆意进攻的机会，以发前场小球为主，辅以偷袭后场。这样从发球开始就迫使对手起高球陷入防守境地。其次，接发球尽量采用快速扑推中路及两边的战术，争取主动。最后，第三拍球即如何处理好对方接回来的球，也非常关键。前场发球队员发球后要迅速举拍封堵对方的接发球，习惯球路。由于双打比赛进攻和防守双方能力都加强了，这就更加要求参与者技术全面，能攻善守，反应灵敏。特别是对发球、接发球、平抽、平挡、封网、扑球、连续扣杀、接杀球、放网前球及防守反击等诸多技术要求更高。因此，打好双打就务必练好这前三拍技术。

3. 进攻前后站、防守左右站

很多初学者经常会困惑场上两人的站位及分工，往往是两人实力一强一弱就前后站，弱的在前，强的在后，实力相当则左右站。实际上，我们也可以看到高水平的双打比赛中，两人的位置会时刻发生变化。导致这种变化的根本原因是在攻守关系的变化，一句话"进攻前后站、防守左右站"。既然如此，我们就得时刻清楚场上的形势，这一个回合自己一方是进攻还是防守。只要是我方回对方后场高球，我方即处于防守状态，迅速调整左右站位防守；若是对方回我方后场高球，我方就处于进攻状态，一人退后场进攻，一人到前场封网。

4. 谁挑球谁被动

欣赏一场高水平的羽毛球比赛，怎样能判断出水平接近的参赛双方谁更技高一筹，其实很简单，总是向下打球的一方更厉害些，总是向上打球意味着总是处于防守态势。双打比赛则更是如此，对方采用后杀前封的战术，仅仅采用挑高球被动防守的战术恐怕是支撑不了几拍的。如果对方后场移动较慢时，可以采用挑对角平高球的战术，调动对手在后场跑动击球。当遇到对方后场进攻能力较强的对手时，适宜采用挡直线、挡勾对角网前球进而封网的战术。如果杀下来的球较高时，可采用反抽跟进封网的战术。总之，防守时尽量少挑球，回球线路能平则平，加强网前对抗能力。

5. 轮转换位：斜上直退、斜退直上

双打比赛中为了摆脱被动，伺机转入反攻，首先要调整好防守的站位。双打防守时的站位调整，都是一名队员在跑动击球，另一名队员根据同伴的移动情况填补空当。如果是一人斜线上网前挑高球，那么击球者应该直线后退，切忌对角后退（图3-6）。直线后退线路短、站位快，对角后退路线长，也容易被对方打追身球。另一名队员应根据同伴移动后的情况补到空当位置。同样道理，如果一方是斜线退后场回击对方高远球后，就要直线向前进入防守位置（图3-7），他的同伴则要根据搭档的回球，决定退防补位。前者相对容易，后场队员根据观察搭档的回球及退防方向即可确定自己的补防位置。而第二种情况则有一定难度，需要前场队员通过搭档击球的方式以及移动的脚步声来判断己方是进攻还是防守。

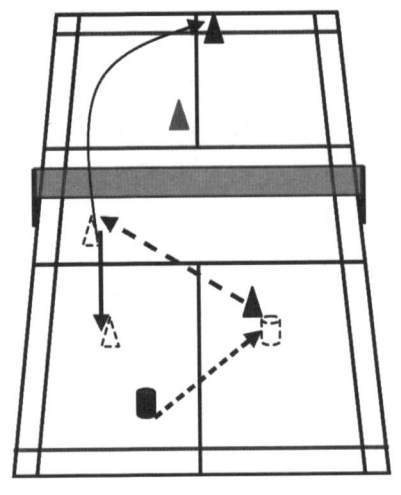 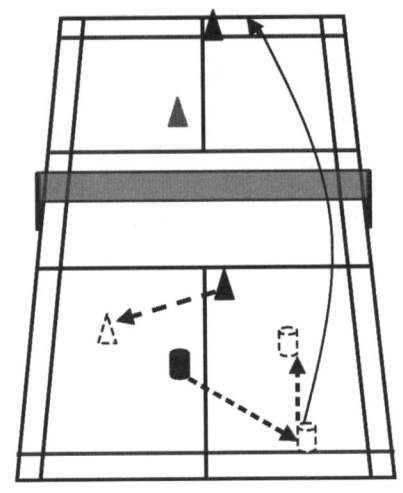

图3-6　斜上直退　　　　　图3-7　斜退直上

6. 前场队员积极抢拦

在羽毛球的双打比赛中，作为搭档必须做到在技术上互相信任，只有这样才能使战术运用得当。我们经常会听到后场队员抱怨前场队员"这个球你不应该抢""那个球你跑错位置了"，等等。其实，在场上尤其是前后形成进攻站位时，前场队员是看不到后场搭档行动的，除了前面提到的轮转退防的线路外，他的移动更多是基于对手习惯回球线路的捕捉，不管向哪边移动都应该是积极的，作为处在后场的搭档要根据前场队员的移动即时补位，多鼓励前场封堵，记住"前场队员要积极抢拦"。

二、双打基本战术

1. 发球战术

由于双打的后发球线比单打短,在双打中若发高远球,接发球方可以大力扣杀,直接争取主动,同时又较少有后顾之忧。因此站位往往压在靠近前发球处,可对接发球者造成很大心理上和技术上的威胁。所以,发球的质量、线路的配合、弧线的制造,落点的变化对整个双打比赛的胜负意义极其重大。可以毫不夸张地说,比赛的双方若水平差不多则胜负取决于发球的质量。

发球时,发球的路线要善变且无规律,真真假假、虚虚实实,使对方首尾难以兼顾,多点设防,疲于应付;在发球的弧线上也有变化。发球动作的快、慢也应在规则允许的范围内有所变化,不要给接球方掌握规律。这样,接球方就难以摸到发球方的规律了。

2. 接发球战术

接发球虽然受发球方的牵制,但由于规则对发球作了击球点不能过腰、球拍上沿必须明显低于手、动作必须连续向前挥动(不许做假动作)、不能迟迟不发等的诸多限制,所以使发球者发出的球不能具有太大威胁。接发球方如果判断准确,起动快、还击及时,就能在对方发球质量稍差时杀、扑得手或取得主动;反之,也会接发球失误或还击不利使自己陷入被动。

当接发内角位网前球时,以扑或轻压对方两边中场及发球者身体为主要攻击点,配合网前搓、勾等其他线路。

当接发外角位网前球时，除以上打的点外，还可以平推对方底线两角以调动后场队员，或直线放网把对方一名队员调至边角，扩大对方另一队员的防守范围。

当接发内角、外角位后场球时，应以发球者为攻击点，力争扣杀追身球。如起动慢了，可用平高球打到对方底线两角。一般发球者在后场发出后，后退准备接受接杀的情况居多，这时可用拦截吊球，落点可选择在发球者的对角。

3. 攻中路战术

此种战术不论对方把球打到什么位置，我方进攻的落点都选择集中在对方两人之间或在中线上。守方左右站位时把球打在两人中间（图3-8），这种战术可以造成两人抢接一球或同时让球，彼此难于协调；限制对手在接杀球时挑大角度高球调攻方；有利于攻方的封网，由于打对方中路，对方回球的角度也小，网前队员封网的难度就小了。

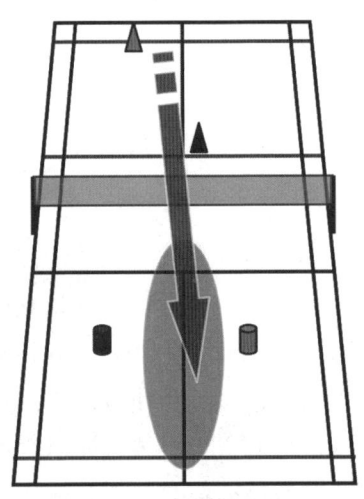

图3-8　攻击中路区域

第三章　基本战术

攻中路时要考虑对方挑球的落点和对方二人的站位，以及对手二人的能力。如果对方挑球靠近边线，则攻击的线路相对靠近同侧场区的中路位置。如果二人中一人防守能力较强，攻击线路就应靠近较弱的一侧。

4. 攻两翼战术

当防守方前后站位时，将球回击到球场的两个侧翼区域（图3-9），造成后面队员要向前移动或前面队员转身回追才能救到球，使对手难以抢先进攻。

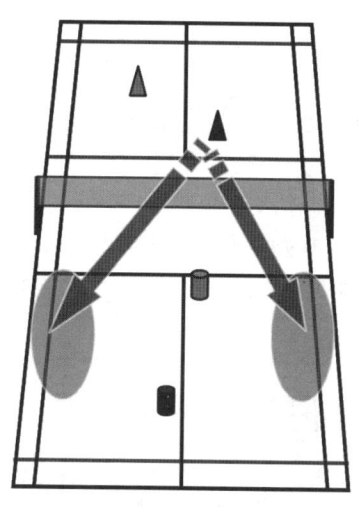

图3-9　攻击两翼区域

守方前后站位时采用轻推把球下压或轻推到边线半场处。由于球速相对较慢，球路要让对手出乎意料才能达到预期战术效果。然后分边压网，以争取前半场的主动，迫使对手打出高球让我方进攻。

121

5. 攻人战术

这是双打中常用的一种战术，就是以人为攻击目标。对付两名技术水平高低不一的对手，一般采用这一战术。它集中攻势于对方一名队员，常能起到"集中优势兵力打歼灭战"的作用；在另一队员过来协助时，又会暴露出空当，可在其仓促接应、立足不稳时偷袭他。

当发现对方有一人防守能力较弱或心里素质较差、失误率较高或防守线路单一时就适宜采用此种战术。集中将球打到较弱一方，会导致另一人无球可打，站位会逐渐倾向于靠近较弱一方，造成防守位置的空当，此时再采用突然袭击的手段得分。

6. 后攻前封战术

后场队员积极大力扣杀创造机会，在对方接杀放网，挑高球或企图反击抽球时，前场队员以扑、搓、勾、推控制网前，或拦截吊封住网前，使整个进攻连贯而又有节奏变化，使对方防不胜防（图3-10）。

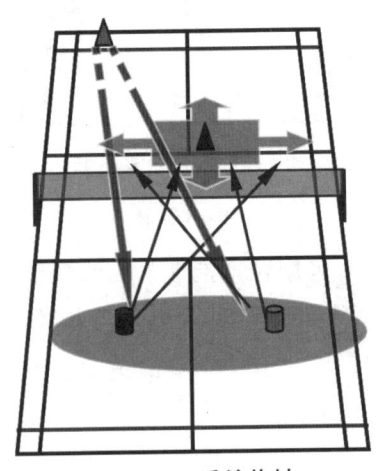

图3-10 后杀前封

首先，后场的进攻要有足够的威胁才能为网前的封杀创造机会，这种威胁并非一味地大力扣杀，常常要配合劈吊、假动作吊球等技术变换节奏，分散防守一方的注意范围才能达到较好的效果。其次，网前封网要求二人分工明确、跑位合理、配合默契。当我方回球占主动时以封对手直线为主，此外还要视对手回球的习惯线路来决定。封网时要做到"快、紧、狠"。

7. 防守跑位轮转

为了摆脱被动，伺机转入反攻，首先要调整好防守的站位。如果是网前挑高球，那么击球者应该直线后退，切忌对角后退。直线后退线路短、站位快，对角后退路线长，也容易被对方打追身球。另一名队员应根据同伴移动后的情况补到空当位（图3-11）。双打防守时的站位调整，都是一名队员在跑动击球，另一名队员根据同伴的移动情况填补空当。

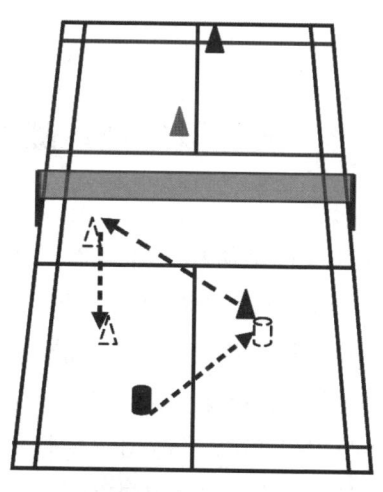

图3-11 协防补位

8. 双打防守反击战术

双打防守反击，必须通过两人的共同努力，调整战术达到破坏对方节奏，是使自己由被动转为主动的重要环节。被动转入防守时要镇定，避免非受迫性失误，等待机会反击，转为进攻。

防守反击首先要及时发现对方进攻上出现的漏洞。对方采用后杀前封战术时，必然会在对角网前和直线后场区域出现防守空当，采用挑两底线平高球调动对方进攻人员、勾挡网前对角后逼近封网以及反抽跟进对抽等技术组合都能达到转守为攻的战术效果。

关于防守的方法还有很多，但目的都是为了破坏攻方的进攻节奏和进攻势头，在攻方进攻势头稍减时即可平抽或蹲挡，若攻方站位混乱出现空当时，守方即可抓住战机转守为攻取得主动。

第四节　混合双打基本战术

羽毛球混合双打项目是从1996年亚特兰大奥运会开始正式成为比赛项目的。由于混合双打是由男女二人配对组成的比赛，因此，在技术风格上与男双、女双有很大的不同，男女之间的差异也会非常明显，往往会出现一强一弱的现象。因此，在混合双打的战术运用上，除了适用一般性的双打战术原则外，在战术运用环节上重点是如何攻击对方较弱的运动员，较弱运动员的竞技能力往往决定了这对双打的成绩。

一、发球战术

混合双打的发球需要非常明确的战术意识，发球质量的好坏可以直接影响到接下来比赛形势的走向。由于混合双打都是由一男一女组成，因此在发球的对阵上有些独特的地方值得我们注意。男女运动员在发球时都要考虑男女接球员的差异。

1. 女→女

当女方发球给对方女运动员接球时，发球方的压力较小，因为后场有男运动员防守，可以说这是拿分的最有利阵型。如果对方身材矮小，后场球较差，就可多发对方后场平高球，迫使对方后退击球。接着，发球方迅速调整站位，形成双上网阵势，并排封网。当发前场球时，要加强第三拍封网，迫使对方起高球。

2. 女→男

当女方发球给对方男运动员接球时，就有一定的难度，不仅要面对对方男选手咄咄逼人的气势，还要排除心理上的恐惧，发出高质量的球。要选择发自己最擅长的位置，发球后要能够积极主动地封住前场球，对方扑过来的球和推向两腰区域的球都由后方的男运动员回接。对于站位特别靠前的接球员要敢于偷袭后场，让对方有所顾忌。

3. 男→女

由于是女运动员接球，考虑到回后场球困难，她们通常不会站位太靠前，发球方有一定的优势。男运动员要借助手腕的爆发力结合前后场变化即可给接球方带来威胁。

4. 男→男

由于发球后男运动员要重点保护后场,因此站位离前发球线稍远,这样势必造成球的飞行时间过长,给对手留下起动扑击的时间。因此发球时要尽量使球的飞行弧线轨迹平直,球头过网后即向下走,不给对手扑击的机会。混合双打中的男运动员要格外把球发好才行。

二、接发球战术

混合双打接发球战术在球路上也不同于一般双打接发球战术。主要在于球路上不论男、女队员接球都以回前半场为主,只有当对方发球质量较差时,才能采取扑推后场的战术。这样做的目的就是尽量将球控制在对方女运动员一侧,争取主动,迫使女运动员打出后场高球,形成我方后杀前封的有利局面。

三、第三拍

第三拍也就是发球后的这一拍球,它在混合双打中有着同样重要的作用。发球质量高时,可以帮你进一步保持进攻的态势;被动时,有利于摆脱被动局面,减少后场男运动员的大角度跑动。

1. 主动时

女运动员发球后可直接封住前半场区,迫使对方起高球,以利于我方进攻。此时注意封网的区域分工,女运动员通常以封直线为主,男运动员一方面要注意搭档封直线失败而漏过来的球,另一方面要注意保护对方回过来的对角球。如果是男运动员发球，在右区发球时，女搭档要注意封直线和中场球。在左区发球时，女搭档则要注意封住整个前场区（图3-12、图3-13）。

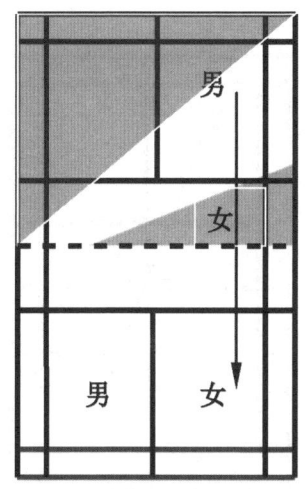 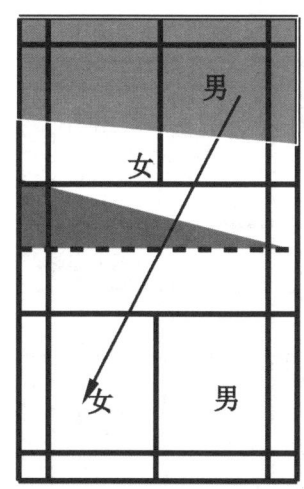

图3-12　杀直线男女区域分工　　图3-13　杀斜线男女区域分工

2. 被动时

当发球质量较差时就容易被对方抓到机会进攻。当对方扑球后双双逼向前场时，最好将球挑到后场两个底角，采取暂时过渡的策略。让对方即使进攻杀球也是在最远的地方。此时，对女生的防守能力要求就较高了，利用挑后场、平抽和挡对角等技术，寻找反攻的机会。

四、封网

在混合双打中，女运动员主要盯住前场区域，重点是要封住直线球及飞过中路的对角球。女运动员的封网能力直接影响到整个混双的水平。比赛双方都想在对方的女运动员那寻找机会，对抗中均以前场为主。女运动员的判断、出手以及应变能力强，可大大减少后场男运动员的大角补位跑动（图3-14、图3-15）。

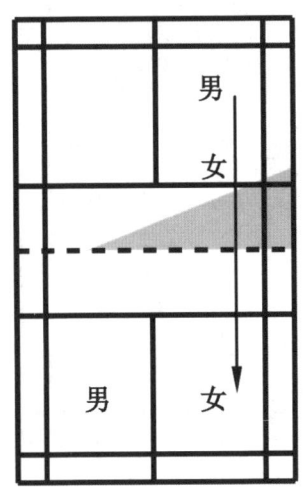
图3-14 杀直线前场封网区域

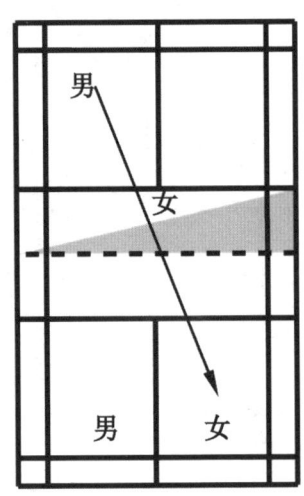
图3-15 杀斜线前场封网区域

1. 进攻时

要明确封网线路、区域分工。无论是在后场区还是在左后场区进攻，前场封网的女运动员都要保持清晰的判断。死死盯住对方女运动员所在的区域，防住前场区域的平球。男运动员则要注意协防对角来球。

2. 相持时

在双方相持过程中，频频以推击半场球试探时，女队员要善于判断对方的习惯球路，封住对方的直线球和对角球。当然，如果把握不大时,不要贸然出击,将球放给后场的男运动员打。

五、防守

羽毛球比赛的对抗一向是攻防转换迅速,对于防守更要求"积极主动""守中带攻"。尤其是在双打比赛中,仅仅依靠被动的防守是难以抵抗对方后杀前封、排山倒海的轰炸。对方的进攻基本上都是由男运动员在后场发起的,因此,防守时只有寻找到前场负责封网女运动员的封锁漏洞,才能有效地组织反击。

1. 挑平高球

这种方法比较简单,将对方杀下来的球以平高球的方式回击到对方底线的两个角落。落点选择以调动对方后场运动员为主。可以简化为"逢直变斜"和"逢斜变直"(图3-16、图3-17),不给对方网前封网的机会,但前提是对方的杀球不是很凶狠。

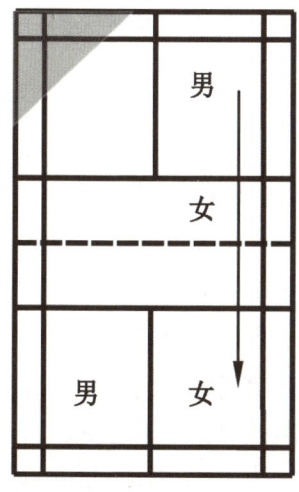

图3-16　防守:逢直变斜

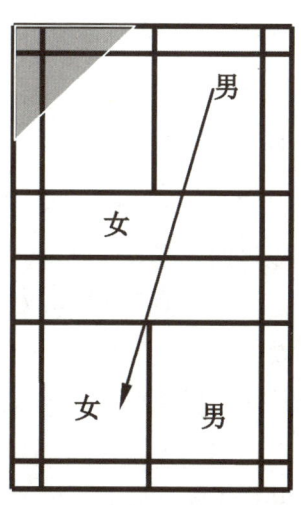

图3-17　防守:逢斜变直

2. 抽挡球

这里面包含两个技术，一个是抽底线球，另一个是挡网前球。防守中主要还是看落点的选择。基本原则是避开对方两个人的位置（图3-18、图3-19）。

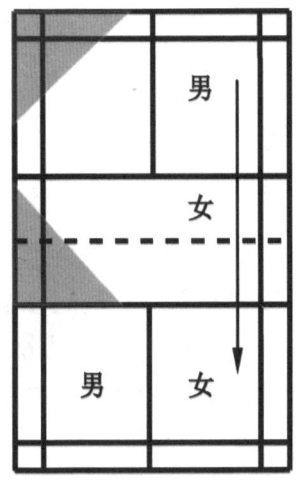

图3-18　防直线球落点选择

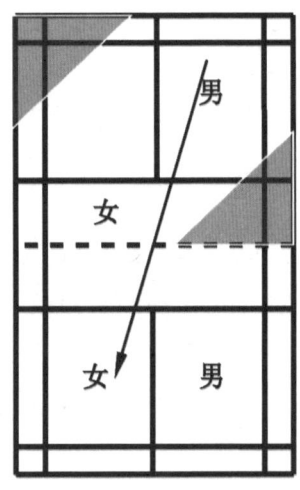

图3-19　防斜线球落点选择

3. 挑高球

在及其被动的情况下，不得已只能将球挑至对方底线时，要尽可能将球挑到底线且足够高，为防守入位争取时间。此外，要尽可能将球挑向远离本方女运动员的一侧，即对方的杀球位置与本方女运动员最好是最远距离的斜线（图3-20）。

总之，要想打好混合双打，除了要掌握以上的基本内容外，还要配对的两个人在思想上能互相信任，在技术上能互补，在战术上互相了解，心有灵犀。

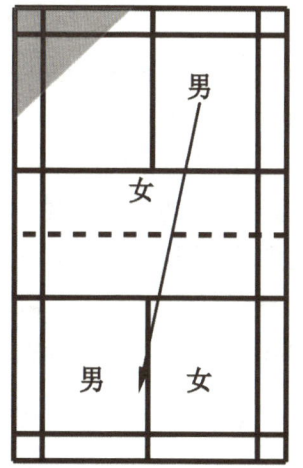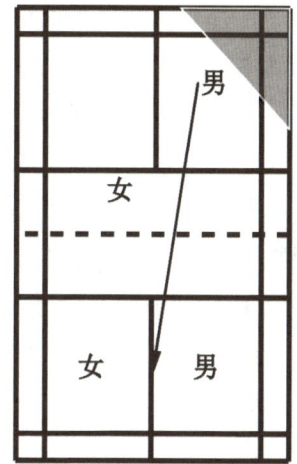

图3-20 挑后场落点选择

第五节 双打常见问题解析

一、选位与分工

双打比赛时,两个人在选位分工上要有所配合。我们都知道"进攻前后站、防守左右站",但在实际比赛中还是会出现诸如下列的问题:

1. 抢球或让球

无论是在前场、中场或是后场,双打的同伴之间都会出现抢球或让球的现象。无论是抢球还是让球,其间都似乎隐藏着一种信任危机。有的人觉得抢球总比让球强些吧,其实结果都是一样，抢回去的球是很难保证质量的。

解决方法：原则上是由距离球落点最近的人去完成击球的（图3-21）。但在实际操作中，前场往往由移动更快、更迅速的人来完成（图3-22），其搭档则注意保护其余场区。击球者态度要坚决，一旦起动就不要犹豫，甚至是一边动一边观察自己搭档是否也有击球的意图。如果对方打向两人防守的中间区域时，原则上由正好是处于正手回击位置的选手来完成。后场击球，在距离优先原则下，体能更好、后场进攻更有威胁的选手可以更多地完成击球。

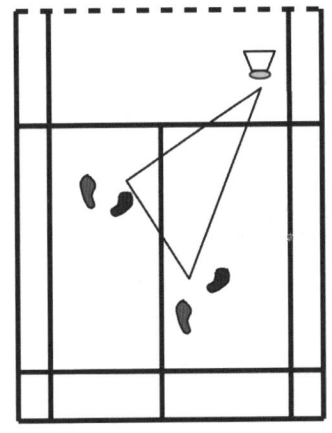 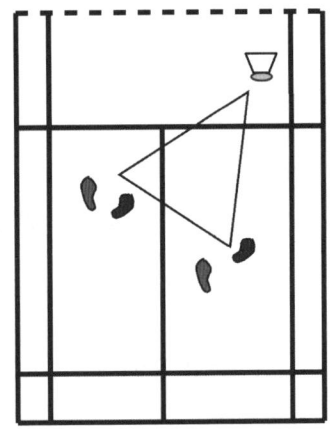

图3-21 距离近，优先接　　　图3-22 等距离，快的接

2. 攻防跑位混乱

双打中，跑位混乱的现象比较常见，尤其在一些初级选手中。要么两人都跑到场地一侧防守，要么干脆就地斜线站位防守，直接给对手露出大片空白区域。

解决方法： 双打比赛中，进攻转防守要坚持"防守就近入位"的基本原则，切忌对角回位防守。直线距离短、站位快，对角线距离长，在防守入位时也容易被对方打追身球，搭档要根据同伴移动后的情况补到空当位置（图3-23、图3-24）。

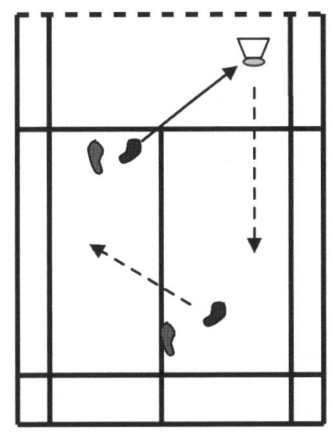
图3-23 斜上，直退

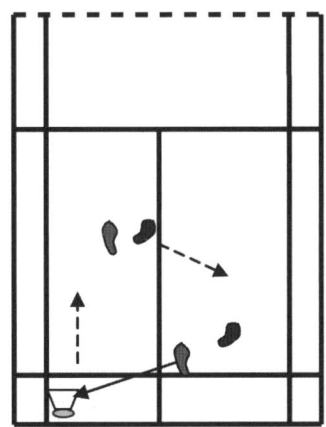
图3-24 斜退，直上

3. 前场回接身后球

当本方发网前球，对方经常会采用将球拨向两侧的战术。此时，前场发球队员常常会反应不及时，当球已经飞到自己身后了才转身回接。这样的球当然无法顾及质量了。另外，当本方处于进攻的前后站位时，对方也会有意将球回至两人中间的两腰区域，这一结合部位是令人比较难受的区域。前场得转身回接，后场得上步低手位回接，还会导致两人的抢球或让球。

解决方法：只要是超过前场选手体侧的球一律由后场选手回接（图3-25）。后场选手选择挑后场球，二人要迅速调整进入防守站位；后场选手选择继续平推后软挡，前场选手要注意拦截对方来球。

4. 发球员的站位问题

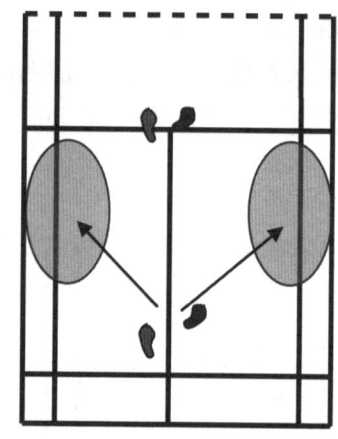

图3-25 身后球、后场接

常见问题有两种，第一种是发后场球时，发球员原地不动，这样会造成两人防守前后站位，两侧场地出现空虚。亦或是退位防守混乱，发向哪边就朝哪边退，造成后场搭档无所适从。第二种就是发完网前球后，发球员后退，造成对方回接网前球时，无人防守的局面。

解决方法：无论发前场球还是后场球，事先要与后场的搭档沟通（手势暗语）。发前场球后，发球员要根据接球员接球的动作以及拍面方向，选择向前移动拦截对方的网前球。偷袭后场发球时，要根据对手移动和回接的情况决定是封网还是后退防守。如果对方后退很被动，则盯住前场，多半会吊球；如果对方后退迅速且从容，则要做好接杀球的准备了。

5. 防守站位靠后

比赛中，由于惧怕对方的杀球，两人防守站位靠后，这样做虽然可以在球速变慢后回击，但失去了高点击球的优势，且低手位回球可供选择的技术和线路较少，球的飞行距离长、时间长，这就更加容易被对方前场选手捕捉到机会。

解决方法：双打比赛要有积极防守的意识，做好充分准备，向前迎球防守才能抢到高点平抽对方杀下来的球，同时也有利于破解对方的杀吊战术。

二、击球技术

就击球技术而言，单打和双打没有太大区别，没有哪项技术是专门用于单打或双打的。但是由于双打比赛的节奏更快，平抽快挡技术运用更多，这就要求双打比赛时击球动作的幅度要小，手指手腕的爆发力要更强。

1. 发前后场球，动作差异明显

发前场球动作比较小，当发后场时，由于手腕的爆发力不够，手臂参与较多，动作幅度变大，这样很容易被对手提前判断出来。

解决方法：加强手腕爆发力练习，提高击球的精准度。如果在短期内无法提高手腕力量，也可以将发前场球的动作幅度做得稍大一些，总之，要使两种发球保持一致性。

2. 接发球方法单一

很多爱好者的接发球方法和线路比较单一，要么一律挑后场，要么推底线。这样很容易被对手摸清规律，守株待兔。

解决方法：尽量少用挑球，在双打比赛中谁挑球谁被动。抢搓中路、轻推两腰和扑追身都是不错的选择。在线路和落点上要敢于变化，出手时间要晚一点，留给对手的判断时间也相对就会少一些，加强出手的突然性。只要迫使对手由下向上回球，压制对手的战术就算成功了。

3. 前场队员无所作为

这是业余爱好者最为常见的问题，一名前场封网的队员煞有介事地持拍蹲于网前，任由羽毛球在头顶来回飞过，队友则疲于奔命往返于底线大对角。比赛中，对方的球是不会主动飞到你手上的，有意识、有目的地判断、移动，才有可能将对方的球拦截住。

解决方法：双打战术最大的特点技术争取抢快、抢前、抢高，这是决定胜负的关键。因此，在本方加压进攻时，中前场选手必须将球拍举过头顶，积极移动寻找来球，积极抽挡直线球，设法拦截对方的斜线球。

4. 前场击球动作过大

对于飞行弧度平快的球，如果挥拍动作幅度过大，前臂的摆速就跟不上来，会导致击球下网或打不实，还有可能直接漏球。

解决方法：网前封网的运动员准备时，就要将球拍举在头顶上方，击球姿势以肘关节后摆，自然带动前臂和手腕向斜下方甩压，动作幅度要小且迅速。击球后迅速制动，以不超过球网为宜。

5. 后场频繁使用反手击球

双打比赛由于在位置上进行了明确的分工，后场的队员几乎可以不使用反手位击高球技术。毕竟反手的击球威力远远不如正手大，回击的位置不好就容易被对手盯住。

解决方法：后场尽量使用头顶击球技术回击，站位上就要倾向于保护底线头顶区域。不得已使用时反手回击高球时，动作幅度要尽量小，将球以平快的方式回击，以过渡球为主。

第四章　身体素质训练

身体各部位之间是相互联系、相互制约的，进行全面的身体素质训练，能全面提高机体各器官、系统的机能并能全面培养速度力量、耐力、灵敏等身体素质，使身体健康协调地发展。专项身体素质发展得越好，越有利于快速掌握各项运动技术，促进运动员保持在重大比赛时所需要的良好竞技状态，充分发挥技战术水平。

第一节　力量

羽毛球力量训练主要集中在上肢和下肢的训练上，不过躯干的核心力量训练也不可忽视，除此以外还要加强神经对肌肉控制的训练，强化对肌群本体感觉的训练等，为羽毛球运动员的专项技能发展提供强大的动力支撑。

1. 俯卧撑

主要发展运动员上肢、胸肌和腹肌的力量。

①队员双手撑地，与肩同宽，两腿伸直，脚尖着地，不塌腰，上体下沉时，两臂紧靠身体，然后起身（主要发展上臂肌）。

②队员双手撑地，间距比肩宽，两腿伸直，脚尖着地，不塌腰，上体下沉时，两臂向外展，然后起身，（主要发展胸肌）。

③俯卧撑凳，队员仰卧，双手撑凳，身体下沉时，手臂弯屈，起身时手臂伸直。

2．立卧撑

主要发展运动员上、下肢、腹肌的力量。

队员原地站立，然后下蹲，双手撑地，两腿向后伸直，再收腿成下蹲，双手离地，人站立，如此连续做。

进行该练习时可做三组，每组根据队员情况规定次数。

队员力量提高后，可在原练习方法的基础上加一项跳跃，即人站立后，双手上举，人向上跳，然后继续做立卧撑。

3．俯卧传接球

主要是发展运动员上肢、肩带和腰背肌的力量。

甲队员俯卧在场地上，两腿伸直，上身抬起，乙队员距甲队员1米远，传皮球给甲，甲接球后再传给乙，连续做20次后交换。

两队员传球距离、速度和次数可酌情增减。

队员腰背肌力量提高后，可在甲队员左、右前方各站一名队员，连续给甲传接球，然后交换。

4．哑铃练习

主要是发展运动员上肢躯干和腰部力量。

①两脚左右开立，两手持哑铃置于体侧。连续做两臂侧平举再上举至头顶的动作。

②两腿并立，两手持哑铃，连续做扩胸动作。

③两脚左右开立，右手持哑铃置于肩上，连续向上做臂屈伸动作，然后换左手做。

④两脚左右开立，两手握哑铃，体前屈，按顺时针方向，连续做腰部大绕环动作，然后换逆时针方向做。

⑤两脚左右开立，两手握哑铃置于肩上，先左后右连续做体侧动作。

5. 引体向上

主要是发展运动员上肢和躯干肌群的力量。

队员双手反握单杠，用手臂力量，让身体向上至下巴过杠，连续做数次。反握杠做引体向上，主要发展上肢的肱二头肌，而正握杠做，则主要发展肱三头肌。

6. 双杠臂屈伸

主要是发展运动员上肢肌群力量。

队员撑上双杠，手臂屈时，身体下降，手臂伸时身体上移，连续做数次。

7. 推小车

主要是发展运动员上肢及手腕力量。

画两条相距10~15米的平行线，作起点和终点线，每两名队员组成小车，即第一人俯撑在地上做"小车"，第二人两手握住他的脚踝部做推车。开始后，"小车"用两臂向前爬行，推"车"人跟随前进，到终点线后两人互换位置再往回推"车"。

队员做本练习一段时间后，可把队员分成人数相等的两队

（双数）进行比赛，以提高队员的兴趣和练习质量。

8. 手倒立

主要是发展运动员上肢肌力量。

队员面对墙站立，双手撑地（离墙约30厘米）与肩同宽，两腿上举靠墙，呈手倒立（收腹）。本练习也可两人一组，一人做，一人扶腿。

9. 仰卧起坐

主要是发展运动员腰腹和下肢肌力量。

队员仰卧在场地或垫子上，双手置于脑后，两腿并拢伸直，上体起坐90°后慢慢放下，脑后不接触垫子，连续做数次。

10. 仰卧举腿

主要是发展运动员腰腹和下肢肌群力量。

①仰卧举腿。队员仰卧在场地或垫子上，双手置于体侧，两腿并拢上举90°后慢慢放下，在接近水平处重新上举。连续做数次。

②仰卧"两头起"。队员仰卧在场地或垫子上，以腹部为支撑，两腿和上身同时向上抬起（最好让胸部和腿部同时离开垫子），然后慢慢恢复原状。连续做数次。

11. 俯卧起身

主要是发展运动员腰背肌群力量。

甲队员俯卧在场地或垫子上，双手相握置于脑后，乙队员用手压住甲的双脚，甲上身抬起至极限，然后慢慢还原，连续做数次。

12．肋木举腿

主要是发展运动员腰腹肌群力量。

正握肋木，人体伸直，双脚离地，两腿上举至脚尖与胸平齐（脚尖能过头部最好），连续做数次。

13．立定跳远

主要是发展运动员下肢和腰腹肌的爆发力。

在一块空地上画一条横线，队员在线外站好，手臂弯屈上举，双腿起跳至最远处。

14．蛙跳

主要是发展运动员下肢和腰腹肌的力量。

在一块空地上画两条相距15米的平行线，分别作起跑线和终点线，队员手臂弯曲上举，从起跑线连续双脚起跳至终点线。

15．负重举腿

主要是发展运动员下肢肌力量。

队员两人一组，甲队员坐在椅子上，两腿自然弯曲、并拢，乙队员将一个哑铃置于甲脚踝处，并轻力扶住，甲队员连续做伸腿动作至腿部伸直，一组完成后换乙做。

16．蹲立

主要是发展运动员下肢肌力量。

①队员两脚略开立，两臂自然下垂于体侧。队员下蹲至大

腿与地面平行，同时两臂向前平举，连续做数次。

②队员两人一组，甲队员两脚开立，与肩同宽，面对墙而蹲，乙队员骑在甲肩上，甲手扶墙连续做起立和蹲下动作数次。

17. 负重提踵

主要是发展运动员小腿和踝关节的肌肉力量。

①队员两腿并拢站立，双手握哑铃，置于肩上，连续做提脚后跟的动作。

②队员两人一组，甲队员下蹲，乙队员骑在甲肩上，甲扶墙起立后两腿并拢，连续做提脚后跟的动作。

18. 握棒拔河

主要是发展运动员全身力量素质。

在地上画一短线为中线，准备一根小木棒。把参加者分为人数相等的两队（每队3~5人为宜），两队纵队站在中线两侧。教练发出"预备"口令时，两队使劲向后拉，把对方全部拉过中线的队为胜，换场地继续进行，比赛可采用三局两胜制。不允许松手，松手散开的一队算失败。

19. 前（后）掷球

主要是发展运动员全身的爆发力。

队员两人一组，在空地上相距6~10米站立，双手持实心球或沙袋用力做前抛或后抛动作。

20. 背拉对抗

主要是发展运动员全身的力量素质。

在场地上画两条相距8米的平行线为终点线，两线中间画一条直线，把队员分成人数相等的两队，背对背站立在中线两侧，两两互相挽臂。教练发令后，两人对抗，尽力将对方背起，争取把他背到面前的终点线，最后以背拉对方人多的队为胜。

21．卷棒

主要是发展运动员手腕、手指肌群力量。

队员开脚站立，两手握一短棒，快速连续做向前或向后卷棒动作，直至手和前臂有酸胀感为止。

22．负重屈腕

主要是发展运动员手腕肌力量。

队员站立或坐立，执拍手握哑铃，连续作屈腕或伸腕动作。

23．哑铃练习

主要是发展运动员上肢肌力量。

①队员两脚开立，双手握哑铃于体前，连续做屈、伸前臂动作。

②队员两脚开立，双手握哑铃与体侧，连续做屈、伸前臂动作。

③队员两脚开立，双手握哑铃于腰侧，连续做左、右转体动作。

24．执壁球拍挥臂

主要是发展运动员上肢肌力量。

队员执壁球拍，连续做正手攻、推挡、拉弧圈和削球等动作。做本练习时，量不宜太大。

25. 转体传球

主要是发展运动员腰肌力量。

队员两人一组，背对背站立，相距约1米，两人同时向左、向右转体传递实心球，两侧交替进行。

26. 跨步跑

主要是发展运动员下肢肌的爆发力。

在一块空地上交错画十个直径为半米的圆，并排成两列，纵、横圆心间的垂直距离均为1.5米。队员排成一列纵队，用单跨步依次跨跳十个圆圈。跨跳时，只能单脚进圆圈。

第二节　速度

速度素质是人体快速运动的能力。包括人体快速完成动作的能力和对外界信号刺激快速反应的能力，以及快速位移的能力。羽毛球的挥拍、鞭打等动作都要求有较高的动作速度，前后场的跑动也需要较快的移动速度，预判对手的出球并采取相应的技战术同样需要较高的反应速度。

1. 好邻居

主要是发展运动员奔跑和反应能力，培养果断和互助合作的品质。

参加者以6~10人为宜，另选一人为"询问者"，其余的人站成一个大圆圈，每个人站的位置再画一个直径为50厘米的小圈,"询问者"站在大圆圈里。

所有人都站在自己的小圈中,当听到询问者提问时,根据答案重新选择自己的站位,如提问者说"女生换位"时,女生就立即换拉而男生则不动,抢位时,不能推、挡或阻碍别人。

2. 结伴

主要是培养运动员反应速度、动作速度和灵敏素质。

参加者以5人以上为宜,分散站在一块空地上,教练随意发令,若吹哨(击掌)一声或喊"1",队员原地不动,吹哨两声或喊"2",队员立即两两结伴,吹哨三声或喊"3",队员迅速结成3人一组。剩余者或最后结伴的一组为失败者。

3. 智取巧夺

主要培养运动员灵敏素质以及机智、果断的品质。

在空地上画一个直径约1米的圆圈,中间放一个羽毛球。距离圆圈7~8米的两边,各画一条短线(相互平行)做起点线。把参加者分成人数相等的甲乙两组,各组选一人站在起点线,听到信号后,两人同时跑向圆圈,乘对方注意力松懈的时候,迅速拿起羽毛球跑回本方起点线,即算胜利,但对方可以追拍,在拿球人还没有跑过起点线而被拍着,则对方获胜,然后另派两人抢夺羽毛球,最后以获胜次数多的组为胜。

4. 叫号赛跑

主要培养运动员反应等素质。

把队员分成3~5人一组,并在场地上画一条起跑线,在距起跑线10~15米的地方并排放羽毛球若干个（每组3~5个），相距1.5米。各组分别报数之后，每人记住自己的号数，教练任意呼一个号码，如"2号"，则各组的"2号"立即向羽毛球跑去，捡一个球后马上返回。最后以先跑回多的一组为胜。

5. 占领阵地

主要是发展运动员灵敏、速度等素质，培养他们机智、勇敢的品质。

在场地两边各画直径为2米的圆形阵地，参加者分甲、乙两队，甲队站在自己的阵地上，并指派一名队员拿羽毛球一个（不让乙方知道），乙队则分布在自己阵地周围。甲方可派部分队员跑出阵地，引诱对方来追捕自己，并伺机另派一些队员掩护持羽毛球者接近乙方阵地，以把羽毛球放到乙方阵地为胜利。乙方队员不让他们接近阵地，并以夺取羽毛球为胜。在追拍甲方时，凡被连拍三下者即为俘虏。如果俘虏中有持球者，则战斗结束，两队互换角色，重新开始。甲方持球者如见自己处境不妙可将球传给本方队员，但不许球落地，否则失败。甲方俘虏在乙方阵地上手拉手站好，等待本方队员的救援。如救援者在未被对方拍中三下前触及任何一名俘虏之手，那为成功，俘虏回自己阵地重新进攻。

6. 围追堵截

主要是发展运动员反应速度、移动速度和灵敏素质。

在一块场地中间画两条平行线，相距1.5米~2米，将参加者分为人数相等的甲、乙两组，面对面站在线旁。在场地两端再各划两条终点线与平行线，相距10~20米。当教练员吹哨一声或喊"1"时，两组队员原地不动，吹哨两声或喊"2"时，甲组队员迅速去追拍乙方，乙组队员立刻转身向本方终点线奔跑，最后以抓获较多队员为胜，吹哨三声或"3"时，乙方则去追拍甲方，方法同前。

7. 起跑、冲刺

主要发展运动员反应速度。

根据场地大小，冲刺距离可以间隔10~60米不等。

队员在起点线上，蹲踞或站立，听教练员发令后，立即起跑、冲刺。

队员也可以在起点线处做俯卧撑等，听教练员发令后起跑冲刺。

8. 多人轮打羽毛球

主要是发展运动员移动速度、手感和灵敏素质。

队员分成人数相等的甲、乙两队，列在场地两侧，每人手持自己的球拍，发球者拿球一只。

①开始后，一方队员发球，然后迅速跑到对方队员后面，接球者用高远球技术击球后，立即跑到对方队员后面，准备下一次接球。

②将队员分成4队，排列在场地两侧，每块场地由一人发球后，跑到另一队员后面，队员击球时只能用高远球，并以对方能接到为宜，不能用扣杀和吊球等。队员每次只能击球一下。

③队员熟练本法以后，可减少人数，以增加跑动范围，提高

跑速。也可设若干队比赛，看谁连续击球时间长。为使队员重视练习，可对因跑速较慢而接球失误者，给予适当"惩罚"。

9. 颠球接力

主要发展运动员反应和移动速度，培养手感和灵敏素质。

将队员分成人数相等的两队，每人持拍，排头持羽毛球一个。在距起跑线1米处画一条线，做接力区。另在距起跑线20~25米处放两只多球架（相距约3米）。教练发令后，两队第一名队员立即颠球起跑，在多球架处折返，进入接力区后将球接住，交给下一队员继续颠球跑动，以先到的队为胜。

第三节　耐力

羽毛球比赛激烈，来回拍数增多，对各种击球动作要求规范，回球质量要达到快、准、狠、活的战术要求，这些特点都需要很好的速度耐力。

1. 跳绳绕场地跑

主要是发展运动员耐力、灵敏素质及协调性。

①队员每人执短绳，排成纵队，教练发出口令后，队员依次绕场地蛇形跳绳跑，约5分钟。

②教练给不同信号，队员根据信号跳绳，如教练吹哨（或击掌）一声，队员按一般速度跳绳跑，吹哨两声，队员原地跳绳，吹哨三声，队员加速跳绳跑。

2. 集体跳绳

主要发展运动员的耐力、灵敏素质、协调性及节奏感。

①两队员摇一长绳,其他队员排成纵队,连续依次跳一次,失误者或间断者与摇绳人互换。

②两队员摇一长绳,其余队员分散在两旁,先指定一人跳入,跳3次后任意叫一队员的名字,然后退出,被叫者随即跟进跳3次,并任意叫另一队员的名字,如此连续进行。

3. 跳绳

主要发展运动员速度耐力和灵敏素质。

①单摇跳绳,规定时间内完成规定次数。

②双摇跳绳,规定时间内完成规定次数。

4. 跨台阶

主要发展运动员耐力素质、下肢力量和节奏感。

队员在台阶前站立,听口令后,按统一节奏跨上和跨下一节台阶,即左脚上后右脚上,左脚下后右脚下。

5. 长跑

主要发展运动员的耐力素质。

①1000米跑。

②1500米跑。

③3000米跑。

④越野跑3~5公里。

6. 变速跑

主要发展运动员的速度耐力素质。队员加速跑和慢跑或走跑交替进行。

①加速跑30米，慢跑70米，共跑四组。

②加速跑50米，慢跑50米，共跑四组。

③加速跑100米，慢跑50米，共跑四组。

7. 踢足球

主要发展运动员速度耐力、灵敏和速度素质。

将队员分成人数相等的两队（一人守门），在羽毛球场或室外的空地上踢球。如在室内进行，也可用报纸球、皮球等代替足球。

8. 专项技术徒手操

主要发展运动员速度耐力和专项手法、步法。

教练根据队员的打法特点和所学技术，编成结合性技术，给队员练习。

9. 专项步法绕场地跑

主要发展运动员耐力素质和专项步法。

队员排成一队，蛇形绕场地作交叉步或滑步跑。

10. 多球训练

主要发展运动员耐力素质和专项技术。

选择队员所学技术中较为简单的几种，安排跑动范围较大的多球训练。每组练习时间可根据队员练习难度而定。

第四节 柔韧

好的柔韧性能对肌肉和关节起到积极作用,有助于预防肌肉拉伤,减少伤痛,加强身体锻炼的效果。通过柔韧性的锻炼有助于提高肌肉的弹性和扩大关节的活动范围,这样在完成技术动作时,就更加轻松自如。柔韧性练习通常作为运动前的准备活动和运动后的放松整理。羽毛球运动要求运动员在场上迅速改变身体姿势,动作也要求准确规范,这就需要有良好的柔韧素质才能保证完成技术动作的规范性和稳定性,才能够在各种条件下准确完成回球。下面介绍一些羽毛球运动中常用的柔韧性练习方法。

1. 手腕屈伸

主要提高运动员手腕关节的柔韧性。

不持拍手用力使持拍手作屈、伸动作,练习次数可根据实际情况确定。

2. 手上举提踵

主要培养运动员全身各关节,尤其是手腕、脚踝关节和躯干的柔韧性。

两手手指交叉相握,上举至头顶(两手伸直,掌心向上),同时提踵,做10次冲顶动作。

3. 头部活动

主要是拉伸运动员的颈部肌肉群。

①头依次向左、右、前、后慢慢拉伸到极限,并保持约5秒钟,注意不能转动。

②右手经头顶抱头对侧,用力使头斜倒,静止约10秒钟,换左手做反向练习,方法同前。

③双手手指交叉于头后部,向前用力使下巴靠胸,静止约10秒钟。

④两手交叉置于头后,两手用力将头向下压,而头向后用力保持正直或稍后仰,保持10秒钟左右。

4. 双手身后相握

主要拉伸运动员肩关节的柔韧性。

站立,左手经左肩上置于身后,右手从右肩下放到身后,两手尽量相握,保持10秒钟以上,双手互换做。

5. 压肩

主要拉伸运动员肩关节和腰部的柔韧性。

队员两脚开立站在球台旁,两手置于球台上(间距略比肩宽),上体前屈(塌腰),用力下压数次。

6. 绕肩

主要拉伸运动员肩关节的柔韧性,扩大肩部活动范围。

①左手经左耳、头后、右耳向前伸至极限(手碰鼻最好)。

②双手握棒或绳置于体前,以肩关节为轴做绕环运动5~10次(手臂不可弯屈)。

7. 伸展腰部

主要拉伸运动员腰部的柔韧性。

①两腿弯曲,上体后仰成弓型,两手下摸够脚跟。

②两腿伸直站立,上体前俯,两手自然下垂,两臂交叉向下振动10次。

③两人背对相靠,互相挽臂,甲作体前屈背乙,乙则舒展身体放松,两人交换进行。

8. 摆腿

主要拉伸运动员髋关节的柔韧性。

队员站在球台旁,左手扶台,右脚做前摆和后摆动作(幅度越大越好)。

9. 压腿

主要拉伸运动员膝关节和踝关节的柔韧性。

①正压腿,左腿弯曲,右腿向后伸直(脚掌撑地),上体正直,用力下压10次左右,交换另一腿做,方法相同。

②侧压腿,身体下蹲,左腿向左侧伸直(全脚着地),用力下压10次左右,交换另一腿做,方法相同。

③前压腿,队员站在球台旁,左腿置于球台上,脚尖勾起,两腿伸直,上体用力前压数次,右手尽量去握左脚。

10. 劈叉

主要拉伸运动员髋关节和膝关节的柔韧性。

①劈叉,两腿前后开立,两腿伸直,逐渐向下振压,到极限处,保持10秒钟以上。

②横叉,两腿左右开立,两腿伸直,逐渐向下振压,到极限处保持10秒钟以上。

11. 体前屈

主要拉伸运动员腰部、膝关节的柔韧性。

坐在地上，两腿并拢伸直，上体前屈，两手握脚尖。

第五节　灵敏

羽毛球运动员要想迅速准确地完成各种动作，灵敏素质所起到的作用不容小觑。而灵敏素质的发展和提高必须要与力量、速度、耐力等素质协调一致才能取得较为理想的效果。

训练灵敏素质的方法有猜拳追逃、贴人、踢羽毛球、捕鱼等多种，在此不再一一详述。

第五章 规则与裁判

第一节 竞赛规则

一、赛制

除非另有商定,羽毛球运动的一场比赛以三局两胜定胜负。采取每球得分制,每局21分。当比分为20比20平时,连续得2分一方获胜。如在20比20这个分数以后没有出现连续得两分的情况,则要一直打下去。若比分到了29比29,则赢得30分的一方获胜。首局获胜一方在接下来的一局比赛中率先发球;当一方在比赛中得到11分后,双方队员将休息1分钟;两局比赛之间的休息时间为2分钟。

二、交换场区

以下情况运动员应交换场区:第一局结束;第三局开始前;第三局一方得到11分或只进行一局的比赛中,当领先的一方得分为11分的时候。

如果运动员未按规定交换场区,一经发现立即在死球时交换,已得比分有效。

三、单打

单打发球员的分数为0或双数时,双方运动员均应在各自的右发球区发球或接发球。发球员的分数为单数时,双方运动员均应在各自的左发球区发球或接发球。发球员和接发球员应交替对击直至"违例"或"死球"。

四、双打

双打发球员的顺序是只有发球方得分时才交换发球区,双方轮流发一次球,不会重复,详见图5-1。除此以外,运动员继续站在上一回合的各自发球区不变,换发球时发球方比分是单数时,由站在左区的运动员发球,偶数时由站在右区的运动员发球,以此保证发球员的交替。比赛开始时由右区发球。

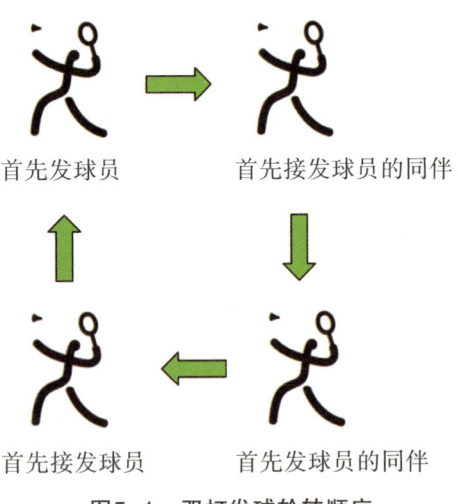

图5-1 双打发球轮转顺序

五、即时回放

运动员可以对司线员和裁判员以及裁判员纠正司线员的宣判进行挑战。如果司线员或裁判员的宣判被判定是错误的，则运动员挑战成功，司线员或裁判员的裁决被推翻。一名（对）运动员在一场比赛中有两次挑战权。如果该名（对）运动员挑战成功，则保留其挑战权。当裁判员要求使用即时回放系统时，双方运动员均不失去挑战权。

第二节　裁判员分工与职责

一、裁判员分工

羽毛球竞赛临场裁判人员的组成包括：裁判员、发球裁判员、司线员、记分员。一场比赛设裁判员1名，坐在球网的延长线外的裁判椅上，负责一场比赛的裁决、宣判得分、违例；发球裁判员1名，坐在裁判员对面球网的延长线外，负责宣判发球方在发球时的违例；司线员2~10名，司线员坐在他所负责查看的场地线延长线外2米处，遇到球落点在该线附近时，做界内、界外或视线被遮挡的手势；记分员1~2名，比赛中根据裁判员的判决显示比分。

二、裁判员职责

1. 裁判员职责

每场比赛由裁判长指派一名裁判员主持比赛，并管理该场地及其周围，比赛时，坐在场外网柱旁的裁判椅上，执行竞赛规则有关条款。裁判员要组织运动员进行比赛，并协调本场地其他裁判员分工合作，及时宣判违例或重发球，并随时在计分表上作相应的记录。对申诉应在下一次发球前做出裁决。及时宣报比分，使运动员及观众能了解比赛的进程。若有必要更换司线员或发球裁判员时，必须与裁判长磋商。对于司线员或发球裁判员的判罚有不同看法时，裁判员可以更改他们的判定。裁判员常用手势见图5-2～图5-7。

图5-2　停止练习

图5-3　介绍双方运动员

图5-4　触网违例

图5-5　过网击球违例

图5-6 比赛暂停

图5-7 交换场地

2. 发球裁判员职责

发球违例的宣判是发球裁判员的主要工作。判罚尺度要（比赛前后阶段）保持始终如一。发球裁判员的视线基本与1.15米水平线持平，以便于准确判罚过高违例。必要时可以挪动身体或稍稍离开座位直至看清发球员的发球动作为止。当看到运动员发球违例时，立即大声宣报违例，并做出相应的判罚手势。运动员询问时则无需进行解答，只需重复判罚手势即可，详见图5-8～图5-12。通常发球裁判员要协助裁判员检查场地和器材，检查球网的高度、积分器是否正常显示、放置暂停标志等。比赛中负责管理羽毛球，只有裁判员示意可以更换羽毛球时，发球裁判员才能将更换的新球给运动员。

  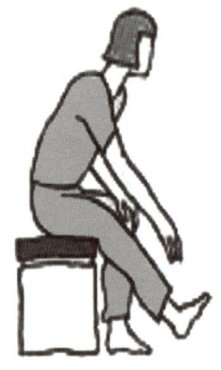

图5-8 过手违例　　图5-9 过高违例　　图5-10 脚误违例

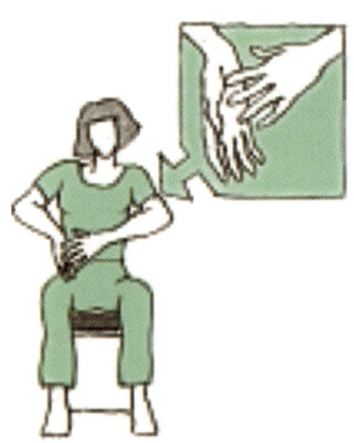 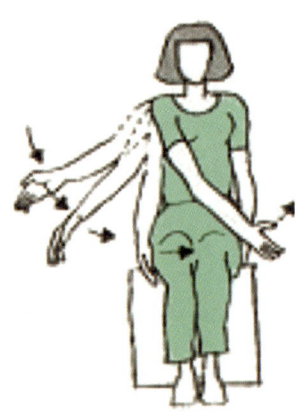

图5-11 发球未击中球托　　图5-12 发球动作不连贯

3. 司线员职责

司线员专门负责查看球在其负责的线附近的落点，并以规定的术语和手势进行宣判。当出现球在界内时，司线员伸出右手指向他所负责的线即可，无宣报术语（图5-13）。当出现球在界外时，无论球落在他所负责的线外有多远，都应立即做出两臂向两侧平伸的手势，同时高声宣报"界外"（图5-14）。当视线被遮挡时，司线员则应实事求是向裁判员表示自己视线被挡未能看清落点，不能做出判决，手势为举起双手遮住双眼（图5-15）。

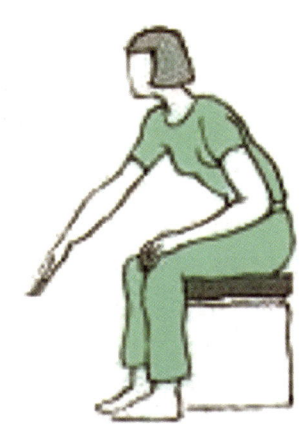

图5-13　球在界内

图5-14　球在界外

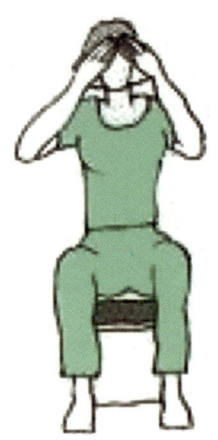

图5-15 未能看清

司线员应具备的技能和条件：

①熟悉羽毛球运动，有一定的羽毛球运动经历，对球的飞行落点有一定的预判能力。

②精力充沛，注意力集中。一场比赛耗时较长，如司线员倦怠可能直接导致无法看清球的落点。

③判决要坚决果断，不被外界所干扰。

④宣判时，嗓音洪亮，随时与裁判员有眼神上的沟通，手势稍做停留，直至裁判员看到为止。

4. 记分员职责

记分员的职责是及时正确地显示裁判员的宣报。正式比赛配备的记分器由记分员操作。比赛前要将小分和局分都还原到零。根据运动员挑边的结果，正确安放比赛双方运动员的名牌，指示出比赛时双方各自所在的场区。比赛开始后，要根据裁判员的判罚，显示出比分，切记避免喧宾夺主，先于裁判员的宣报显示比分。一局结束要显示局分,并使运动员的名牌转向下一局的方位,小分还原至零。比赛结束时,先显示比赛的比分和完整的局分,在运动员退场取下名牌后将记分器显示还原至零后再离场。

第三节　比赛编排

一、单循环

参加比赛的人(队)相互之间按程序轮流比赛一次称为单循环赛。其特点是所有参加比赛的人(队)相互之间都要比赛一次,参加比赛的机会多,机会均等。但是一次比赛所需的场地多,比赛时间长,如果参赛人(队)比较多时,就不太方便了。

1. 编排方法

比赛次序采用"1"号位固定的逆时针轮转法。以6人为例:

第一轮	第二轮	第三轮	第四轮	第五轮
1——6	1——5	1——4	1——3	1——2
2——5	6——4	5——3	4——2	3——6
3——4	2——3	6——2	5——6	4——5

如果参赛队数是单数,则末位加"0"填补空位,遇"0"的队,该轮轮空。以5个队为例:

第一轮	第二轮	第三轮	第四轮	第五轮
1——0	1——5	1——4	1——3	1——2
2——5	0——4	5——3	4——2	3——0
3——4	2——3	0——2	5——0	4——5

2. 名次计算

循环赛比赛名次应以下列方法依次确定：

①以胜次多少排列，胜次多者列前，胜一场积2分，负一场积1分。

②两者胜次相同，两者之间比赛的胜者名次列前。

③三者或三者以上胜次相同，则依次以他们的净胜场、局、分来决定名次，如果出现两者净胜场（局、分）相同时，以他们之间的胜负决定名次。

④如果三者净胜分也相同，则以抽签的方式决定名次。

二、单淘汰

单淘汰制的比赛特点是在时间短、场地少的情况下能接纳较多的参赛者，但比赛机会很不均等，除第一名外其他的名次有一定的偶然性。参加比赛的人（队）按2的乘方数（4、8、16、32……）成对地进行比赛，胜者进入下一轮，负者淘汰，直至最后一名胜者。8进4的比赛称作四分之一决赛，4进2的比赛称作半决赛，2进1的比赛就是决赛。

1. 轮空

如果参赛人数正好等于2的乘方数，第一轮比赛就不会产生轮空。若参赛人数不是2的乘方数，则第一轮比赛有轮空。正常情况下轮空只能出现在第一轮。

2. 轮空数

轮空数是比赛人数大一级的2的乘方数减去参赛人数。例如：27个人参加比赛，轮空数＝32－27＝5个

3. 轮空位置

轮空位置应平均分布在上、下半区，或1/4区、1/8区，轮空数为单数时，上半区多一个轮空位。上半区的轮空位置应在1/4区、1/8区的顶部；下半区的轮空位置应在1/4区、1/8区的底部。

4. 次序表制作

①从上至下写下全部参赛人的序号。

②分上、下半区。如果是单数，上半区少一个。在上下半区间画条横线做标记。

③分1/4区和1/8区。在分区时，凡在上半区的都是靠上的少一个，即轮空的位置在该区的顶部，凡是在下半区的都是靠下的少一个，即轮空的位置在该区的底部。

④按轮空位置和个数将轮空入位。

5. 种子选手

为使比赛的结果符合参赛运动员的实际水平，必须将技术水平较高的运动员作为种子选手，以便在抽签时平均分布在不同的区域，使比赛结果更为合理。

第四节 常见问题解析

一、发球

1. 规则规定

①当发球员和接发球员都做好准备,任何一方都不能延误发球。发球时,发球员球拍的拍头做完后摆动作后,任何停顿都是延误发球。

②发球员和接发球员,应站在斜对角的发球区内,脚不能触及发球区和接发球区的界限。

③从发球开始,到发球结束前,发球员和接发球员的两脚都必须有一部分与场地的地面接触,不能移动。

④发球员的球拍,应先击中球托,若先打到球毛,球就会出现翻滚,这是违例的。

⑤发球员的球拍击中球时,整个球要低于1.15米。

⑥发球员的球拍击中球时,球拍杆要指向下方。

⑦发球开始后,发球员必须连续向前挥拍,直到把球发出。

⑧发出的球向上飞行过网,如果没有被拦截,球应该落在规定的接发球区内。

⑨发球员发球时要击中球。当运动员站好位置准备发球,发球员的球拍拍头第一次向前挥动,为发球开始;当发球开始,发球员的球拍击中球或未能击中球,都为发球结束;发球员应在接发球员准备好后才能发球,如果接发球员已试图接发球,就会被

视为已做好准备；双打比赛发球时，发球员或接发球员的同伴应在各自的场区内。其站位不限，但不能阻挡对方发球员或接发球员的视线。

2. 案例判罚

（1）案例一

运动员发球时先做了一个发高远球的假动作，然后发了一个网前球，是合法发球吗？

判罚：属于不合法发球，规则中规定，发球开始后，发球员的球拍必须是连续向前挥动，直至将球击出。

（2）案例二

运动员发球时，持球手将球抛出后，持拍手已完成向后引拍但并未向前挥拍，此时球落地，该运动员要求重新发球，裁判员如何判罚？

判罚：应判发球运动员延误发球，规则规定，发球时发球员球拍的拍头做完后摆动作后，任何停顿都是延误发球。

（3）案例三

发球员发出球后擦网，落在接发球区内，如何判罚？

判罚：羽毛球比赛中没有"发球擦网重发"的情况，发球擦网若是落在接发球区内则是合法发球，判发球方得分。若是球擦网后未能落入接发球区内，则判发球违例。

（4）案例四

双打比赛时，发球员和接发球员站在对角的场区内。此时发球方的同伴以并未干扰接球员接球为由，站在自己一方的场区外，是否合法？

判罚：判罚该运动员不合法。规则中规定，比赛双方运动员应站在各自的场区内，并且不得影响对方接球员的接球。

（5）案例五

一名运动员发球时将球高高向上抛起，待球快落到地面时将球发出，接球员提出质疑，认为该发球员发球过高违例，如何判罚？

判罚：规则中关于过手违例和过腰违例都明确有一个时间点，那就是"球拍触球一瞬间"，只要这一刻符合要求即可，因此，接球员认为该球过高违例是没有道理的。

二、死球

1. 规则规定

下列情况均已成"死球"：
①球撞网并挂在网上或停在网顶。
②球触地、球碰网或网柱后在击球者这一方落向地面。
③主裁判报"违例""重发球"后。

2. 案例判罚

（1）案例一

甲方将球击出界外，乙方没有理会将球继续回击，结果回球出界。乙方以甲方击球先出界为由，认为应该判自己得分，裁判如何判罚？

判罚：球触地才能认为是死球，尽管乙方将甲方明显飞向界外的球击回，由于球并未触地，因此也就不能定性为"界外球"，乙方回球出界，应判甲方得分。

（2）案例二

比赛中，甲方回出网前高球，为避免被对方杀球击中，该运动员跳到场地外，而乙方回球恰恰击中其身体，甲方认为自己已经站在场地外了，球击中自己就表明出界了，自己应该得分，此时裁判员如何判罚？

判罚：规则规定，比赛中，球碰触到运动员身体任何部位均判违例，这与运动员是否在场区内无关，因此判乙方得分。

（3）案例三

击球者将球打在网上并落向自己一方的地面，而对方不慎使球拍触网，如何判罚？

判罚：击球者将球打在网上并落向自己一方的地面，而对方不慎使球拍触网，如果是球拍触网在先，则球拍触网一方违例；若球拍与球同时触网也是球拍触网一方违例；触网后在击球方一侧下落，此时已成为死球，另一方球拍触网的行为则不属于违例。

（4）案例四

比赛中，甲方抓住乙方网前回球过高的机会，进行网前扑球，不慎球拍触网，裁判如何判罚？

判罚：死球后任何一方再有违例均不再判。准确掌握死球概念，对主裁判的正确宣判极其重要。网前扑球，球拍碰网时就要区分球落地和球拍碰网哪一个发生在先;杀球时,球拍脱手飞过球网,球落在对方场内,是球拍飞过网在前还是球落地在前。

三、重发球

1. 规则规定

由裁判员或运动员(未设裁判员时)宣报"重发球",用以中断比赛。以下情况为"重发球":

①发球员在接发球员未做好准备时发球;在发球过程中,发球员和接发球员都被判违例;

②发球被击回后,球停在网顶或球过网后挂在网上;

③比赛进行中,球托与球的其他部分完全分离;

④裁判员认为比赛被干扰或教练干扰了对方运动员的比赛;

⑤司线员未能看清,裁判员也不能做出裁决时;遇到不可预见的意外情况。

"重发球"时,该次发球无效,原发球员重新发球。

2. 案例判罚

(1)案例一

比赛中有两种情况非常接近,一种是发球时,球停在网顶或过网后挂在网上;另一种是回击球时,球停在网顶或过网后挂在网上。分别如何判罚?

判罚:发球时,球停在网顶或过网后挂在网上的情形都表明球已经不能落入合法的接发球区域,此时判发球违例;回击球时,球停在网顶或过网后挂在网上,意味着比赛还有继续的可能,因此判重发球。

（2）案例二

比赛中，甲方大力杀球击中球毛，使球体严重变形，飞行变得及其不规则导致乙方未能成功救起该球，乙方提出球体变形，应判重发球，裁判如何判罚？

判罚：规则规定，球托与球毛完全脱离时才能判重发球，球体变形不属于重发球的情形，故判甲方杀球得分有效。即使球体与球毛严重变形或损坏，只要是未达到脱离的条件，即不能判重发球。运动员可在下次发球前提出更换羽毛球。

（3）案例三

双打比赛中，甲方一名封网的运动员大喊"杀球！杀球！"，其后场运动员跳起后采用了轻吊网前球，乙方没能防守到该球。乙方认为甲方运动员的喊叫误导了自己的防守，此球应该无效，判重发球。裁判员如何判罚？

判罚：比赛中，裁判员认为比赛被干扰可以判重发球，但是案例中这种现象则不符合重发球的条件。甲方的喊叫意在提示本方运动员，而并未干扰对方。若是运动员以"界内""界外"对对手进行语言上的干扰则符合重发球的条件。

（4）案例四

接球员还没准备好时，发球员已经将球发出，接球员只好勉强接球，但回球未能过网，此时接球员要求重新发球，如何判罚？

判罚：发球方得分。规则规定，发球员需要在接球员准备好之后才能发球，但是，如果接球员已试图接发球，则被视为已经准备好了。此案例中，球已经处于比赛状态，接球员回球未能过网，判发球方得分。

四、侵入场区

1. 规则规定

击球时，球拍与球的接触点不在击球者球网这一方即为过网击球（击球者击球后球拍可以随球过网）。

活球期，运动员的球拍或身体从网下侵入对方场区导致妨碍对方或分散对方注意力。

2. 案例判罚

（1）案例一

击球时，甲方运动员进行网前扑球，击球后由于控制不住球拍的惯性，球拍从网顶伸入到对方场区。乙方认为甲方过网击球。裁判员如何判罚？

判罚：规则规定，击球者击球后球拍可以随球过网。判定是否为过网击球的关键点在于击球一瞬间的击球点是否在对方一侧，这取决于裁判员的准确观察能力。

（2）案例二

比赛中，甲方运动员为救起一个近网球而滑倒，其一只脚明显伸入到对方场区，但是他成功将球挑至对方底线附近，此时裁判员应如何判罚？

判罚：规则中规定，运动员的球拍或身体从网下侵入对方场区导致妨碍对方或分散对方注意力，应判罚违例。其关键点在于侵入场区的行为是否妨碍对方回球或分散了对方的注意力，而这种侵入场区的行为对对手回球是否产生影响的判断取决于裁判员的判断，而非运动员的自我感觉。

（3）案例三

比赛中，甲方回击高球时球拍脱手，导致回出半场高球，而球拍从球网下方滑落到对方场区，乙方见状跃起杀球，结果杀球下网。乙方以球拍侵入场区为由，提出应判甲方侵入场区违例在先，此时裁判员如何判罚？

判罚：侵入场区违例的关键点在于侵入场区的行为是否妨碍对方回球或分散了对方的注意力。本案例中，既然甲方在明知乙方球拍侵入场区的情况下依然决定进行击球，则裁判员可以判断此次侵入场区的行为未对乙方造成影响，应判甲方得分。

五、连击

1. 规则规定

一名球员两次挥拍两次击中球或双打比赛中两名同伴连续各击一次球，均为连击。

2. 案例判罚

（1）案例一

比赛中，甲运动员一次挥拍，球拍框先碰球然后球拍线面再将球击出，乙提出疑议，认为甲连击违例。裁判员如何判罚？

判罚：运动员一次挥拍先接触拍框后接触拍线属于合法击球，这属于一种偶然事件，而偶然性也是比赛的一部分。规则中两次挥拍两次击球的现象比较少见，也比较容易判断。

(2) 案例二

双打比赛中，一方的两名运动员同时去击球，两支球拍相撞，将球击回。另一方运动员认为连击违例，裁判如何判罚？

判罚：两支球拍相撞将球击回，球只是接触了一支球拍，因此不应判连击违例。

(3) 案例三

双打比赛中，负责前场封网的运动员没有做出击球动作，球擦球拍框后略微改变方向，其后场队员将球击回。此时裁判员应如何判罚？

判罚：此案例中尽管该运动员没有做出击球动作，但是球碰触到球拍即算作是完成了一次触球。同伴在该运动员碰触到球后再次将球击打，则符合连击违例的条件。

六、运动员提出请求

运动员在比赛中经常会向裁判员提出一些请求，为保证比赛的顺利进行，裁判员要掌握此类问题的处理技巧。

1. 换球

比赛中，羽毛球被多次重复击打会造成破损，换球时应向裁判员提出请求。双方运动员都同意换球时，裁判员不应拒绝；若是一方提出要求，另一方拒绝换球提议，裁判员应进行检查后做决定。裁判员若是认为一方运动员频繁换球是为了获得喘息机会，则可拒绝其换球的请求，并注意观察其是否有故意损坏球的行为，一经发现则判罚其行为不端。为保证比赛的连续性，换球后不允许试球。

2. 喝水或擦汗

比赛中，运动员提出喝水或擦汗属于合理请求，但是必须得到裁判员的允许后才能到场边擦汗或喝水。裁判员要保证运动员双方同时进行喝水或擦汗，避免双方运动员交替进行喝水或擦汗的现象出现。当一方运动员在对方连续得分时企图通过喝水或擦汗的间歇打乱对手节奏或者为了获得短暂的喘息时间，裁判员应拒绝其请求。

3. 擦场地

比赛中，运动员经常会因为出汗较多或倒地救球时使地面浸湿，裁判员应主动召唤擦地员擦地，尽管有时运动员自己并未发现。当运动员提出擦地请求时，裁判员应立即召唤擦地员擦地。即使裁判员认为运动员有借擦地获得短暂休息的嫌疑时，也不能拒绝其擦地的请求，应要求擦地员尽快清理，保证比赛的连续性。

4. 换拍

比赛中，运动员拍线或拍框断裂，裁判员应接受运动员换拍的请求。换拍后运动员不可以试打球拍，应直接恢复比赛。在活球期，运动员不经过裁判员的允许直接到场地外换一支球拍继续比赛是允许的，裁判员不应阻拦，这种情况在双打比赛中可能会发生。

七、意外情况

1. 场地出现意外情况

比赛中，球场出现意外情况时，裁判员要密切注意全场情况，并暂停比赛。发现的问题要在发球员下一次发球前及时处理。例如，比赛中场地灯突然灭了；从相临场区飞入比赛场区一个羽毛球干扰了比赛；场地旁边的门突然打开，光线和风影响了比赛的正常进行；球网绳突然崩断等一系列意外情况。

2. 运动员意外受伤

比赛时，运动员意外受伤，裁判员首先要暂停比赛并询问该运动员的伤势如何，是否需要医生。若伤势不重，则要求迅速恢复比赛。若是运动员要求医生入场治疗处理，裁判员要举手向裁判长请示。此时裁判员应在计分表上记录当时比分、发球顺序和时间，并启动秒表且随时向裁判长报告时间，在裁判长的协助下恢复比赛或宣布因伤退出比赛。裁判员必须仔细灵活地处理比赛中运动员出现伤病的情况，判定伤病的严重程度；恰当处理，不能对另一方造成不利影响。运动员受伤、抽筋，但很快恢复比赛时，一场比赛最多暂停两次，总时间不得超过5分钟。

八、行为不端

1. 规则规定

①运动员为恢复体力或喘息，接受场外指导而中断比赛。

②比赛时，运动员未经裁判允许，擅自离开场地。

③故意引起比赛中断。运动员不服从判罚并与裁判纠缠，在裁判进行解答后仍不继续比赛。

④故意改变球速。运动员用拍柄或肘部捅羽毛球或将球毛向内外折以改变球的口径增大或减少球速。裁判员除判罚行为不端外，还应立即更换新球。

⑤举止无礼。运动员对自己的失误或裁判的判罚不满时，故意击打球网、摔拍、不礼貌手势、不文明的语言等形式发泄自己的情绪。

⑥规则未述其他不端行为。

2. 处罚

①警告。

②对警告过的一方判违例。

③对严重违犯或屡犯者判违例并立即向裁判长报告。裁判长有权取消其比赛资格。

④裁判员应将所有执行处理的"比赛连续性、行为不端及处罚"这一规则的情况记录在计分表上。